民族的美感

台灣原住民藝術與西洋藝術的對話

林建成 著

藝術家 出版社

目錄

第三篇 生命力的追尋──體質與運動　101

序一
精采的文化對談

以一個起頭並非人類學研究者的身分，而能夠長期無怨無悔的投入台灣原住民族文化藝術的觀察與創作，建成是這類「狂熱份子」（台東就有不少）中特立獨行的典型；他曾長期擔任新聞記者，因此熟知原住民族部落的事務與變遷的樣貌，而最特殊的是他喜以攝影、繪畫與文字形式呈現其所見、所聞、所感；因此，早在90年代，他已在《自立早報》「東海風情」專欄發表系列原住民族文化的圖文作品，而《台灣時報》也曾經長期連載他的圖文並茂的「原住民風俗誌」。1993年，同樣是描繪原住民的《頭目出巡》出版，同時在台北展出水墨作品「原住民采風」；1994年，攝影集《小米酒的故鄉》出版，1995年他的「九族原住民風情」在國立台東社教館展出。後來他在工作之餘到國立東華大學族群關係與文化研究所進修，開始走入學術探索的道路，這時候他卻變得沉靜，應該是嘗試在學院理論的啟悟下回顧、整理過去長時間出入山海之間各部落的見聞與思緒。果然，他的碩士論文就是原住民族部落調查研究的成果。

後來，建成又考入國立政治大學民族學系博士班，並且進入位於台東平原的國立台灣史前文化博物館服務，由於完全投入工作，有關前述作品創作的延續，他似乎已經疏遠了。2006年春天，我到博物館服務，有幸跟他一起共事，偶而提及我過去曾經賞覽過他不少作品，而他只是淡淡

一笑，好像那些已經是許久的過去事了。有段時間為了讓公共服務組的同仁，有一個比較能夠接近而行事沉穩的主管，我「陷害」他就位。那段時間，建成以很少的經費辦理了呈現勇敢癌症孩子堅持、樂觀面對人生的「微笑小太陽」、阿美族馬蘭傑出人士的「馬蘭三勇士」等特展，卻都能獲致極大的回響，但是沉重的工作壓力、妻子與自己身體的不適，經常讓他難以承受。在那段他不得不強顏歡笑的時間，我想他早已絕情於原住民族文化藝術了。沒想到他又有超越之作問世。

《民族的美感——台灣原住民藝術與西洋藝術的對話》一書寫作的方式只能用「奇絕」兩字形容。它每一篇文字都包含一則台灣原住民族的故事或典故，以及西方類似題材的敘述；譬如寫卑南族大獵祭時婦女在凱旋門為長者佩帶花環，那是一種尊敬；而婦女們佩帶花環則是美麗的象徵；作者則以文藝復興前期的重要畫家波蒂切利（1445-1510）的作品〈春〉中花神嘴咬花朵代表著春天降臨，以及春神渾身滿覆花朵象徵美麗，搭配著愛神維納斯與三女神的溫暖愉快的場景予以對襯，認為好以各種花卉裝飾增加身體的美麗，是人類共通的行為。花與神話、儀式的結合，讓人間聚合的場景更增美感與浪漫的氣氛。這是一種跨民族文化藝術比較與融通之後才能進行的探索與寫作，而寫作者必須要是一個稱職的中介者——對於兩邊都要熟悉，才能存異求同，為雙方搭好溝通的

橋樑。這不是簡單的事。至此，我方知建成的沉靜謙抑是其來有自。

由於來去台東的交通工具有限，有一回我搭乘夜車，那是在清晨天將亮的時分抵達台東的莒光號列車；走出剪票口，我看見建成也將離開車站，那時才知道他都是用這種可以利用夜間在車上睡眠的「節省時間」方式，北上政大上課。這只是他認真堅持的一例。在史前博物館人力非常窘迫的時候，我曾好不容易說服建成擔任過公共服務組與展示教育組的主管，工作負擔之重是旁人難以想像，他與愛妻的身體都不算好，工作、進修與家人、家計，這些累積起來，已經不是「蠟燭兩頭燒」可以比擬。每每見到建成有點苦澀、卻依然有讓人為之樂觀的微笑，我內心總是充滿愧疚與感激。但是我知道，建成自己營造的豐美、溫暖的心靈世界一直在支撐、鼓舞他，這本書所呈現的就是其中的一處角落。我有幸先讀過，更能了解建成在文化與藝術上深刻的素養，因此樂意為這本書作序。

巴蘇亞‧博伊

考試院考試委員  浦 忠 成

2009年4月13日於木柵

序二

當建成拿了《民族的美感——台灣原住民藝術與西洋藝術的對話》書稿，請我寫序時，心裡是疑惑參半的，不知道這兩個領域如何去思考、對話，但是在閱讀後，才了解他的用意，甚至體會他的一番苦心。

作者本身學習歷程即是跨領域研究的實例，他從投入西洋藝術創作開始，隨後進入民族學的探索，兩種學科在他身上交織出融合的效果；同時因為在博物館任職相關的工作與訓練，讓他深刻體驗到物質文化對部落文化脈絡的重要性，油然產生尊重與認同。這些經驗與涵養，使他的文字中常流露著某種藝術氣息和濃厚的人文關懷，在知性中帶有感性的浪漫；更因為作者在藝術研究上獨到的心得與高度，致使兩個看似無關的領域，迸撞出令人激賞的對話。

建成研究台灣原住民藝術十餘年，幾乎走遍台灣各地山海角落，一點一滴辛勤地採集。這些素材涵蓋原住民傳統觀念、藝術表現，很多是田野觀察的一手資料，他將之帶回來加以整理、分析，然後給予更多、更寬廣的藝術視野，彷彿讓它的生命再度活了起來。

這本書明顯地可以看出作者的用心，除了田野材料外，試圖在文化人類學的主軸上，以創作為基礎，將原住民與西洋藝術作品放置在同一個天秤上比較。這種對話方式，與其說突兀，勿寧說是一種創新，因為兩者之間看似無交集，但是藉著當中某種文化特質的互動、美感元素的溝通，讓主題鮮活了起來。

作者的這本大作主要來自在大學裡開設通識課程，以跨學科的思維來撰寫，包括原住民文化藝術與西洋藝術作品，原住民部份盡可能容納十二族群，以強調台灣這塊土地上多元活躍的文化現象；西洋藝術部份，超過四十位藝術家，作品也都是藝術史上的經典，可以說是現代人必備的藝術常識，欣賞他的內涵之餘，可以比對出原住民文化藝術的美感經驗。

當然，各民族的發展過程中，民族藝術是重要的，以本人較為熟悉的藏傳藝術為例，在厚實的西藏文化基礎之上，藏族堅持傳統藝術的意義，使之歷經不同時代、環境的變遷，卻仍然散發著耀眼奪目的光芒。因此，民族藝術不僅是族群文化的特徵，更可能是凝聚民族認同的重要條件，攸關民族的存續。

從民族藝術的層面來看台灣原住民藝術發展，尤其在一個島嶼上，存在多元族群與多樣文化藝術是它的特色，但相對地近百年來原住民不斷地遭逢各種外來文化的挑戰，能否通過嚴苛的考驗是一個關鍵，未來以原住民主體思考是必要的，《民族的美感——台灣原住民藝術與西洋藝術的對話》一書正好凸顯了它的意義：作者欲站在原住民主體的立場，找出美感經驗，甚至於進一步重建原住民審美觀。

這些努力，為原住民藝術發展的思維，開啟了另一扇窗。

國立政治大學民族博物館館長

第一篇
內心的召喚
宗教與神話之美

傳說太陽與百步蛇是祖先的起源，排灣族原住民敬畏它的威力，塑造出崇拜的圖紋。西方的太陽神掌管大地光明，萬物必需依靠而存活，也留下無數的故事與創作。

無論是羽化成神，或是人格化的神，都已遠離而去，但是神聖的祭儀與信仰卻供人們無限緬懷……

我們欣賞西方冒險浪漫的美人魚傳說，應該也可以接納雅美族飛魚王的故事，畢竟那些都是延續族群生命與精神文明的依託。

蛇的傳人

▌ 東排灣族百步蛇傳説

很早以前東排灣族包慕里（Baumuli）部落在舉行年祭時，就會有七條百步蛇來到部落外圍，族人認為是祖先回到部落來和大家一起聚會共同生活，頭目家族或懂得與祖靈溝通的巫師，會施法用手捧起百步蛇，虔誠地供奉在事先做好的竹編或月桃編蓆子上。

族人也會準備好小米酒，以陶甕裝著，當天用竹杯盛裝祭拜的小米酒，獻給百步蛇喝，隨後在祭儀結束後，百步蛇就會自行離去。

排灣族關於百步蛇神話的流傳廣且多，傳説中很久以前有一位老人，經常聽見有人在講話，他遍尋不到，最後聽見原來聲音出自陶甕裡，老人家發現有一顆蛋在裡面，經過太陽曬，蛋一天天長大，終於將陶甕擠破，誕生了排灣族馬樂德（Malerderber）部落的祖先。

一直傳到拉瓦高（Lavagau）的時代，百步蛇都跟他們住在一起，它有一個專門的gabaders（竹編容器）窩，每天坐在Lavagau旁邊，當有其他部落人侵犯時或對Lavagau不利，百步蛇頭會昂起來，並且全身變成紅色，發出可怕的「tsi」聲，Lavagau就會安撫它，表示「身為頭目的人，不能如此隨便發脾氣」，百步蛇就會恢復原來樣子。

有一天百步蛇托夢給Lavagau，説到自己老了，必須要離開，明天清早將它放置在tsatsavan（進入部落的涼台），百步蛇説，請族人放心，它會永遠保護族人的。Lavagau醒來後，趕在太陽出來前，就將gabaders放在tsatsavan上，等中午時再去看，百步蛇已經不見了。

排灣族人稱蛇為adjubi，百步蛇為gaadubian，老人家説蛇愈長會愈短愈粗，最後變成小鳥galis，成長的gaadubian，大約僅一尺半長，如大碗盤般粗，它身上的花紋是百步蛇，不過移動起來好像是用滾的。

▌ 魯凱族貴族甕

▋歷史足跡下的百步蛇創作

百步蛇圖紋與原住民文化淵源極深，尤其舊香蘭遺址考古新發現的蛇紋，更添加了彼此之間的關聯與想像。

2003年一場杜鵑颱風侵襲台東地區，造成舊香蘭海岸地區遺址露頭，國立台灣史前文化博物館據報後進行搶救發掘，出土了石板棺、陶片、石器及骨角器、散落的琉璃珠、鐵渣等大量史前文物，其中以青銅刀柄模具、石板蛇紋、陶板蛇紋及廢棄琉璃珠最受到矚目。

從出土的部分陶器、石器及角骨器上發現的百步蛇圖紋，更是讓人驚艷，年代大約距今1300年，舊香蘭人已經在使用和今日排灣、魯凱族人幾近相同的百步蛇紋飾。

近代在木雕及其他各類藝術作品，百步蛇紋創作質量十分豐富，例如東排灣族正興部落的陶藝家喜歡將百步蛇塑造於陶甕上，傳達了族人與百步蛇之間的關係與親密的情感。

木雕家林新義（1953-）有一件〈百步蛇的傳人〉，刻的是一條昂首的百步蛇，捲曲著軀體，同時圍繞著五位戴著帽冠的男女族人，其中兩位年輕人在上層，下層則是年紀較大的族人，相對於寫實的人頭像，底座則是刻畫了傳統人頭圖紋，好比是一代傳一代的傳承和對照，象徵著從古迄今，百步蛇如常地庇佑族人子民。

▋魯凱族人製作蛇紋甕
▋百步蛇陶甕
▋東排灣族公母陶甕

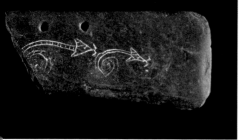

▌舊香蘭遺址出土石板蛇紋
　（史前館提供，左上圖）
▌古武夫創作的〈蛇王〉木雕

▌古武夫與蛇王木雕

　　東排灣族台坂部落的Jajuwan（古武夫,1946-）是當地著名的木雕家，他不僅刻木頭、也做衣櫃家具、奇木桌椅，數十年的生活闖盪，歷經滄桑，返回部落後，選擇了木雕傳承部落文化。

　　從小學四年級起就喜歡刻木頭、畫畫的Jajuwan，在部落的家學淵源郤一直與藝匠分不開，祖父Sszauu曾是部落裡製造槍枝、雕刻的能手，Jajuwan成長後也一直與藝匠工作分不開，二十三歲到二十六歲，在太麻里鄉金崙戲院畫電影看板，三、四十歲則在桃竹一帶做廣告看板，之後還一度到東港去幫助廟宇刻龍柱及神像，許多人都以懷疑好奇的眼光看著他，認為皮膚黝黑的原住民怎麼會刻漢人的龍柱和神像。

　　Jajuwan在平地社會闖盪半生，2001年回到部落，對族中傳說產生興趣，他聽老人家談起部落過去有一位「蛇王」，是一位專門抓蛇的英雄，據說，以前上山打獵的族人常被蛇咬死，因此這位名叫「Guliuliu」的勇士，便立誓幫族人除害，於是他便開始到山上動手抓各種蛇類，後來族人就給他一個「蛇王」的稱號。

　　Jajuwan將這故事的主角「Guliuliu」予以具象化，除了刻出了人像外，在他身上前後特別環繞了幾條百步蛇，人蛇造形相當特殊也很引人注目，古武夫說，排灣族傳說是不殺百步蛇的，但是身為一名勇士的Guliuliu為了保護族人安全，並不忌諱。

勞孔父子像

以往讀藝術科系的學生都會畫勞孔的石膏素描，他痛苦的表情和胸部塊狀的肌肉，因掙扎而扭曲變化，呈現男性陽剛之美，套句現代流行話語，實在「很Man」。

後來看了整組雕像，才得悉原來勞孔身上被一條巨蛇纏繞著，兩旁各有一名少年同樣被蛇身所繞，勞孔一面以左手抓住蛇頸，使勁地推開，但是蛇牙已接觸到了腰部，他想擺脫蛇的糾纏，更心急兩名兒子的安危，只是已自顧不暇了。

大理石雕像的雕刻技術精美，不但準確地掌握住人體結構，也將人體肌肉線條的美發揮得淋漓盡致，勞孔臉上呈現

▌勞孔的雕像

深沉的悲痛，同時忍受著肉體的劇烈痛苦，宛如以一種「悲天憫人」的精神，背負著人間的種種苦難，藉著群像，整體有一種驚懼的美感。

勞孔父子群像是於1506年1月14日於羅馬聖馬利諾大教堂附近，挖掘Tisus溫泉浴室遺址時發現的作品，勞孔的故事發生在希臘神話中著名的「特洛伊戰爭」，起因是希臘諸神中的「爭執女神」愛麗絲沒有受邀參加一場婚禮，於是特別送了一個金蘋果，上面寫著「給最美麗的女神」，於是引起了一場騷動，天后希拉、智慧女神雅典娜及美神維納斯都認為自己是最美麗的女神，三方僵持不下，最後天神宙斯乃將任務交給特洛伊王子帕里斯去裁判。

於是三女神使出渾身解數賄賂帕里斯，希拉給他權勢、雅典娜給他勝利，維納斯則允諾給他人間最美麗的女人。帕里斯選擇了美女，維納

斯便將斯巴達王美尼勞斯的王妃海倫介紹給他，帕里斯遂帶著海倫私奔，從此為特洛伊帶來了萬劫不復的災難。美尼勞斯兄長率領十萬希臘大軍包圍了特洛伊，戰爭一打十年，希臘軍久攻不下，最後希臘軍以木馬之計，將精兵藏入木馬中，棄之於城外，然後佯裝徹退。

正當特洛伊內部討論是否要將木馬拉入城時，太陽神阿波羅的祭司勞孔全力阻止，並預言將帶來災害，奧林帕斯諸神中的海神「普西頓」立刻派了兩條巨蟒殺死勞孔及他兩個兒子，特洛伊城因而被攻下，美尼勞斯也救回了海倫。

這是著名的特洛伊戰爭，勞孔是被巨蟒所咬死，蛇扮演著殺手角色，其實背後更深刻地反映出人性的真實與自私。

▌魯凱族創意百步蛇甕

▊ 對話──人蛇的圖騰與情感

部落時期，各民族普遍具有「圖騰信仰」，其祖先來源並不一定是人類，也經常是動物或植物，藉由這些「圖騰」凝聚群體的意識與認同，也使他們和其他群體開始有了「邊界」。

排灣族人認為自己是百步蛇的傳人，在西方小型社會發展期，以狼、鷹、熊為圖騰的信仰例子頗多，可以互為對照。而藝術創作中，也有取材自希臘神話中蛇和人的糾纏情節，例如人神之間充滿著愛恨情仇的「勞孔」大理石雕像。從作品可以讀出，古典時期雕刻家歌頌青春美好體態的理想，到希臘化時期已藉由神話傳說，刻畫出現實人生強烈的情感。

晚餐的號召

▍霧台魯凱化教堂內的〈最後晚餐〉

　　2007年2月落成的霧台長老教會教堂，是魯凱族雕刻家杜再福（Kalava,1954- ）靠著年輕時期投入建築工地的經驗，繪製主體藍圖，結合建築師的設計，完成的一項傑出建築工程，這座教堂全靠著族人的力量自行蓋起來，族人出錢出力，有的奉獻木雕、有的做水泥工，更多的人獻出了勞力，搬運材料，鳩工興建，使教堂別有一種結合民族生命力的感覺。

　　宛若一座歐洲城堡的教堂，外觀主要的結構是用大塊石頭堆疊而成，高大而宏偉，入口處特別設計了族人扛著巨木的雕像，提醒施工的不易。整座教堂的藍圖是經過族人選出來的，設計與雕像製作，由杜再福負責，他同時也是工程總監。

　　教堂內部陳設則將族人對木頭的熟悉展現於裝飾上，祭台上巨大的十字架就是很特殊的原木裝置藝術，配合背景的光芒及聖經書本的烘托，呈現了巨大莊嚴的效果，另一邊的小十字架則是細緻的雕刻魯凱族傳統圖紋，整個十字架顯出另一種精緻的木雕美感。

▍霧台教堂內最後晚餐板雕全景與近景（左二圖）

　　祭台上的講桌也是木製，面向觀眾的桌邊，還特別設計了〈最後晚餐〉作品的木雕版，除了耶穌與十二門徒進行最後用餐時刻的造形外，還細膩地刻出每位人物的表情，整個板雕是魯凱、排灣族慣用的浮雕方式，似乎還可以聞到木頭的香味與美感。族人用自己的擅長加上奉獻的心意，投入這種西洋文化的框架內容，施展起來好像還不至於太過牽強，倒是從藝術創作角度思考，木雕技藝的拓展，讓人耳目一新。

　　此外教堂內桌椅也都飾予雕刻或木頭加工，雕刻內容多半為聖經故事，符合教堂的裝飾與氣氛，不過展現的卻是魯凱族木雕的精湛手藝，也是「魯凱化」的教堂。

▌排灣化的〈最後晚餐〉

　　排灣族或魯凱族部落內的教堂，經常可以看到在地化的〈最後晚

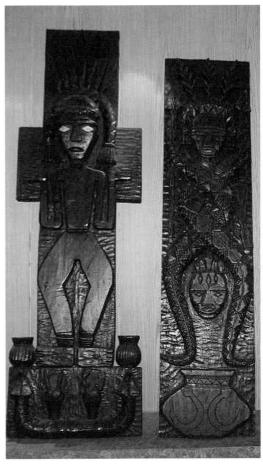

▌沙巴里〈十字架像上的耶穌〉（上二圖）

餐〉作品，用族群文化的語言去詮釋，成了部落裡的共識。

金峰鄉正興部落教堂，排灣族人以月桃編織的蓆子當做畫布，在上繪出排灣化的最後晚餐，畫面上的耶穌與十二門徒，全都換裝成排灣族服飾，桌上的聖杯也換成連杯，食物則換為小米，相當讓人驚艷。

正興部落教堂是當地排灣與魯凱族人靠著教友奉獻心力物力，甚至於動員族人參與始興建完成，與部落情感深厚，2005年8月海棠颱風襲台，溪水暴漲，教堂遭洪水沖毀，該件罕有以月桃蓆編的〈最後晚餐〉作品，也流失無蹤，教友們跪地痛哭。

另外排灣族土坂部落教堂內的祭台，也以〈最後晚餐〉概念進行雕刻，木雕家Sabali（1948-）將畫面上的角色，全部以傳統排灣族的人頭紋表現，象徵性的把耶穌和十二門徒環繞在祭台周圍。

▌達文西的〈最後晚餐〉

　　義大利米蘭聖母大教堂有一幅壁畫〈最後晚餐〉，被列為藝術史上不朽的經典作品之一，五百多年來它受到自然與人為考驗，總共動了六次大型整修手術，但愈修名氣愈大，目前以管制參觀時間、流量的方式，人潮仍絡繹不絕。

　　1498年完成的〈最後晚餐〉，是根據聖經所載，耶穌被門徒猶大出賣，他說「你們之中有人背叛我」，耶穌沒有指名是那一個門徒，大家內心裡忐忑不安，但耶穌說「你們是我的朋友」，耶穌不去追究是誰，反而平靜地與門徒們共進晚餐，將麵包分給大家「吃吧，這是我的身體」，再把紅酒分給門徒「喝吧，這是我的血」，自然流露出人格的偉大。這也是天主教做彌撒領取「聖體」與「聖血」的起源。

　　達文西（Leonado da Venci,1452-1519）繪製的〈最後晚餐〉，是典型的均衡構圖，視覺焦點集中於中央畫面耶穌的位置，長桌上擺放了聖餐、器物，門徒們分兩旁，當耶穌宣佈完後，門徒各自有不同的反應，有的感到震驚、有的交頭接耳猜測，最有可能犯下錯誤的猶大，一手握著錢袋、身子不自覺地往後退縮，一副心虛的表情，那是一場人性的考驗。

　　達文西為了繪製耶穌與十二門徒，找尋適合畫作上的人選，耗費了許多力氣，尤其配合故事情節，門徒的動態也經過深思熟慮，除了個人的特質外，並考量其內涵及扮演角色。

　　據了解，猶大的形象曾讓達文西陷入苦思，久久沒有進度，委託人不時來催促，提醒他要扣工資，達文西便以該苛刻貪財委託人的容貌做為模特兒，這也許只是傳說，不過也道出製作時的用心。

　　〈最後晚餐〉完成時，是教堂餐廳牆上的壁畫，歷經拿破崙入侵米蘭時，士兵佔了餐廳改做馬廄。二次大戰時，教堂也曾被炸毀，所倖壁

■ 達文西的曠世名作〈最後的晚餐，全圖及全部，左三圖〉

畫安然逃過一劫。〈最後晚餐〉最近一次的整修於1977年展開，用了
二十多年才完成，同時為了保護壁畫少受灰塵光線破壞，每次開放管制
二十五人入內，參觀時間為十五分鐘。

▌對話──「宗教晚餐」的交集

宗教是具有相同信仰理念的人們，經常以集體聚會、共同參與儀式組成
的群體，發展出完整的意義體系，同時內化為彼此遵循的規律及教義。

藉著〈最後晚餐〉創作，無論是達文西
的壁畫作品，或者魯凱族霧台教堂內的
木雕，耶穌的精神內涵可以相互溝通與
流動，「一體兩面」的兩件作品產生，
靠的皆是宗教信仰的號召，彼此對話的
空間無限寬闊與包容，同時，原住民原
始藝術表現當中的集體意識，在〈最後
晚餐〉上似乎得到另一種認同上的發揮
與展現。

■ 土坂教堂十字架與「最後晚餐」祭台 木雕

英雄不死

▌ 卑南族傳奇英雄——阿布拉斯

　　卑南族初鹿、建和等部落流傳著一則戲謔式的傳說，有一位名叫「阿布拉斯」（abulas）的族人，擁有異於常人的長陽物—utas，平時要七、八個人抬，也需要花費時間整理，出門時就將之捲起，像消防員背著水管一樣背在肩上。

　　阿布拉斯經常為了清洗utas，必須走到河水上游，然後將之放下，沒料到utas順著河流往下流動，讓在河邊洗衣的婦女大驚失色，以為是一條大水蛇，紛紛拿起木棒亂打。

　　部落裡的男人對阿布拉斯的這項天賦異稟，很妒嫉又羨慕，於是不時藉機加以譏諷、捉弄，有一天大夥兒商量好要教訓阿布拉斯，邀他一起上山找蜂蜜，等隊伍離開村落，就在沿途路上放置了許多尖刺類的物品。到了山上，大聲叫喊謊騙外族入侵，大家拔腿就跑，留下阿布拉斯一人來不及收拾utas，跑回部落的路上又被針刺得哇哇大叫。

　　受到重創的阿布拉斯，一方面養傷，他忍痛將尖刺拔起來，放入酒甕裡，一方面想辦法報復，他向當時邀他上山的族人們表示，晚上請他們來吃蜂蜜，族人不疑有他，等都進入房間內，阿布拉斯打開甕蓋，飛出了一群黃蜂、虎頭蜂，將現場人叮得滿頭包，奪門而逃。

　　有一年發生大水災，部落被圍困形成一座孤島，在等不到外援千鈞一髮時刻，阿布拉斯適時發揮他的天賦能力，甩動utas直接掛到對岸的樹枝上，村中老弱婦孺靠著這條「索」，順利脫困。

　　阿布拉斯的不顧自身安危的解救村民的行為，事後成為族人感激的對象，他儼然成了部落的英雄，從此之後，再也沒有人敢欺侮他。

▌ 阿布拉斯的木雕像

建和部落頭目木雕家——哈古（1943-），曾經以部落傳說創作了〈阿布拉斯〉木雕像，把傳說人物具像化，當作部落文化教育的題材。

哈古刻畫的「阿布拉斯」人物與一般人沒有什麼兩樣，頭上綁著卑南族人常用的白布巾，裸著身子露出健壯的體格，倒是強調了他的大手掌，此外就是他的肩上背著一綑「消防水帶」（utas）重物，強調阿布拉斯與常人不一樣的象徵。

哈古說，阿布拉斯雖然「天賦異秉」，但他沒有做壞事，反而在部落危難時挺身而出救人的故事，告訴族人「不能從外表看人家」。

▌千古民族英雄——大衛

2004年，是雕刻家米開朗基羅於1504年所創作的民族英雄〈大衛像〉五百歲的生日，義大利佛羅倫斯

▌哈古刻劃的〈阿布拉斯〉

藉此舉辦了盛大慶祝活動，召徠觀光客，事實上〈大衛像〉每年吸引參觀的人數超過一百萬人次，已成了藝術品的經典了。

《舊約聖經》中提到以色列的民族英雄──大衛，原是一位牧羊人，當時巨人「哥利亞」危害鄉里，廣大民眾如驚弓之鳥，無處可逃，在緊要關頭，大衛自願上場對抗巨人，他用投石器和石頭擊倒了「哥利亞」，並踏仕他身上，以巨人的劍砍下了頭顱，最後當上了國王，同時被尊崇為基督的祖先。

大衛的英勇事蹟，一直是藝術家創作喜愛的主題，文藝復興時期就有唐納太羅（Donatello）與韋羅基奧（Andrea Del Verrocchio）先後塑造了兩座大衛銅像。

米開朗基羅於1501年開始進行製作大衛像，他在一塊巨大的大理石材上雕刻，這塊大理石曾經難倒了一位知名雕刻家，到米開朗基羅手中，卻好像變得伏伏貼貼，就像是囊中物一樣，任憑他隨心所欲地雕鑿完成作品。

1504年高度434cm的雕像終於完工，刻畫出大衛直視前方敵人的雙眼炯炯有神，看似平靜的姿態，自然垂下的手臂，暴露的血管清晰可見，另一隻手則搭在肩上的投石袋上，大有一觸即發的氣勢，完成後的大衛雕像，被譽為最有男性氣概、陽剛之美的象徵。

大衛像曾安置在佛羅倫斯市政廳前領主廣場，但是日曬雨淋的自然毀損，讓它失色，目前改放於佛羅倫斯美術學院藝廊，為了因應每天絡繹不絕的觀光客，也複製了幾座，分別擺放於市政廳前領主廣場及山丘上的米開朗基羅公園，供人觀賞。

2004年為了慶祝大衛五百年，義大利政府聘請專家花了兩年清洗雕像，同時在周圍設置看不見的懸浮「氣牆」，讓大氣懸浮粒子不要掉在雕像上，也將遊客鞋底和衣服上部分灰塵在接近前除去。花大手筆設置現代科學設備防護，為的也是保護大衛這座聞名於世的經典大理石雕像，讓後世人也有機會見識大衛的力與美。

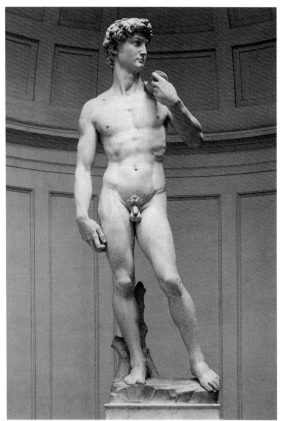

 米開朗基羅〈大衛像〉

座落在佛羅倫斯城外山丘上的〈大衛像〉複製品
（王庭玫攝）

對話──英雄的力量

大衛擊敗哥利亞的事蹟流傳千古，他用什麼武器能夠擊倒巨人？很讓人
好奇，從原始物質文化探索，大衛使用的應是「投擲器」，在一根木棒
一端挖孔，放置石塊，手握另一端，使力摔出，石塊就可拋出擊中目
標。不過從米開朗基羅的大衛像來看，披在肩上的是條狀物，也可能是
以繩子綁住石子，利用旋轉的速力，再放開石子飛出擊物。

卑南族的阿布拉斯顯然沒有借助武器，只靠著天賦異稟的能力，不管是
阿布拉斯或大衛其實脫離不了能力崇拜的原始信仰。

出草

▌執行古老的遺訓──出草

泰雅族的獵首，族語稱作「musamergaga」，「musa」的意思是去或進行，「mergaga」則是習慣、規則，兩者合起來語義是「執行祖先的遺訓」，因此泰雅族人的出草，與先人留下來的儀式和規範有關。

卑南族人的出草叫做「mutalun」，在老輩族人描述中，出草行動就是事先躲在草叢裡，伺機攻擊目標，讓對方措手不及；傳統觀念裡，出草就像是狩獵般，需要機伶與勇氣。

過去泰雅族人出草的原因多種，其中以成年考驗尤為族人所重視，出草獵得首級回來，表示具備了勇氣與膽識，可以在臉上紋第一道紋，往後在成長過程中，它一直跟著族人。

另外，遇上天災或傳染病流行，族人也會出草，以首級來獻祭，至於祭儀上也會以出草取他族人首級來進行祭祀。當然族群之間的恩怨情仇也是出草的理由之一。

一般而言，出草是泰雅族人衡量個人在部落地位高低的標準，也是成為族中勇士的條件，而出草的成績，就直接顯示於服飾或身體紋飾上。

▌出草的創作

居於卑南鄉擁有平埔族與卑南族血源的陶藝家潘濟仁（1955-），擅長於陶藝製作，他塑造的〈出草〉作品，一名勇士正回首觀望，一手拿著刀，一手提著首級，臉上充滿驚懼的

表情，主題充滿驚悚氣氛。

　　潘濟仁解釋，一般人都怕血腥，出草的相關題材很少被做為創作表現，事實上它是刻畫人性中的衝突、矛盾性最明顯的時刻，他說，「出草的人把對方當成獵物，自己其實也是對方的獵物」，因此出草的獵人是戰戰兢兢、耳聽八方。潘濟仁表示，出草時，族人臉上充滿戰慄，眼中瞳孔泛紅，在陶藝作品中他特別去找來一種植物果實，利用天然的紅色來呈現在眼眶周圍，形成一個獨特的標誌。

　　屏東縣春日鄉的排灣族木雕家方福明（Bolern,1963-）則以雕刻留下以往族人出草的榮耀時刻，他表示這是勇士永恆的記憶。

　　曾經在遠洋漁船工作十餘年的他，1995年才正式投入木雕創作，粗獷的刀法與作品是方福明的特色。〈出草〉則是刻出一個裸身的勇士，左手舉起一顆首級，腳下也放了一顆，右手則拿了一把刀，身上

▍哈古〈出草〉
▍潘濟仁〈出草〉（陶藝，左頁圖）

▌方福明〈出草〉

漆著點點紅漆，像是砍下首級時，血滴在身上一般，勇士抬起臉瞧手上的首級，微微彎曲的動態，呈現出全身充滿著健壯的力氣。

卑南族建和部落頭目哈古刻畫的出草則比較含蓄，穿著傳統服的勇士，左手提著首級，堅定的眼神望向四方，少去了緊張與不安，僅留下一幅沉著安穩的神態。

▌切利尼的〈派修斯〉

派修斯在希臘神話中，是天神宙斯與達娜的兒子，生下來後被放入木箱中隨大海漂流，後輾轉到塞浦路斯島被救起。

當時世上令人聞風喪膽是「高葛」三女妖，「梅杜莎」則是三妖中最可怕的蛇髮女妖，全身長滿鱗片，頭上長滿蠕動駭人的毒蛇，她的法術高強，一般人直視她就會變成石頭。

派修斯王子前去殺梅杜莎，冥王送他隱形帽子，天使赫梅斯送他飛行涼鞋、飛帽與鋼刀，可以飛到棲息地，雅典娜女神送他盾牌，可當成鏡子，避免直視成為石頭，另外山林女神「寧芙」借來神袋。

在雅典娜女神協助下，帶領著派修斯，先找了三女妖下落，派修斯來到梅杜莎住處時，三妖正在沉睡，派修斯拿起雅典娜所給的銅盾，從光滑如鏡的反射影像中，看到了梅杜莎的頭，以鋼刀砍下，蛇妖鮮血直流，脖

子上也噴出了血。派修斯立刻將之裝入神袋裡。

　　派修斯殺死梅杜莎後，成為希臘英雄，切利尼（Benvenuto Cellini, 1500-1571）的〈派修斯〉即是根據這段神話所雕塑的，切利尼是義大利佛羅倫斯的雕刻家，他生長於金匠家庭，從小也學習金工手藝，1545年他接受委託製作了〈派修斯〉雕像，將派修斯塑造出一個強健的美男子，右手拿著鋼刀，左手將梅杜莎首級抬起，左腳則踩在梅杜莎的身上，向世人展現他的英勇行為。

　　切利尼把神話中所提到的細節刻畫得很清楚，例如頭上戴的與腳上穿的飛帽、飛鞋，和身上背的神袋。另外派修斯兩眼朝下，為的是不直視梅杜莎的頭，以免變為石頭，但是仍然看得出他的堅毅神情。

▌切利尼〈派修斯〉

▋對話——出草的交會

民族文化各有其形成的背景，應該平等地尊重，每一種文化也只能從自身的標準來評論，即所謂的「文化相對觀點」。「出草」在原住民信仰裡，是一個特殊的文化規範，它的理由多半是成年的考驗或為了報仇、平息天神怒氣等，與「嗜殺」似乎還不能完全直接劃上等號。

切利尼塑造出派修斯取首級的作品和原住民哈古、方福明出草作品的造形，同樣為取首級的動作，東西方的表現不同，藝術家對美感的處理方式也不同，將其作品的對照欣賞是一個很好的比較。

太陽神

▌排灣族太陽神祠

太陽神是排灣族人最崇高的信仰神靈，而百步蛇則是族人的守護神，排灣族人喜歡在住屋木雕工藝品或衣飾上表現出這兩種圖紋，象徵神明時時刻刻護佑子民。

在屏東縣牡丹鄉牡丹村sinvauthan部落半山腰上，有一座十分特殊罕見的太陽神祠，奉祀的主神即是太陽神。耆老白勇務說它是保護部落的主神，神祠稱為Binasinazau，意為太陽降臨的第一道光之地。

白勇務說，太陽神是族人的信仰，像是在祭祀時，第一個呼喚的是ja qadau jathimas，其中qadau即是太陽，jathimas則是神的意思。因此在神祠牌位上，除了寫著sinvauthan的部落名外，上端還供著一塊木雕，以浮刻著大圓形圖案，最外圈是陽光的光芒造形，內圈環繞一條百步蛇，當中則是人頭圖紋。

神祠以前僅是一座小神祠，2000年改建為鐵皮屋建築，入祠儀式十分慎重，殺豬釀酒，由老巫師以事先準備的小米、檳榔、及小米酒等獻給太陽神及祖先，供桌分為上下四層，除了放置了米酒、小米等

▌ 神祠內供奉的太陽神木雕
▌ 牡丹村新保將部落的太陽神祠

祭品外，尚存放巫師用的葫蘆、獸骨等法器，每年歲時祭儀，是於11月收穫節時向太陽神祠祭祀並祈求豐收。

▌ 比魯部落的太陽神

　　東排灣族比魯部落稱太陽神為「namadi」，有專屬的祭祀牌位，在每年年祭時由頭目代表部落隆重致祭，太陽神地位崇高。

　　比魯部落頭目宋賢一住宅客廳內的祀祭台上，設置融合了漢族使用的祖宗牌位，書寫供奉主要的祭拜祖靈、天神、太陽神（namadi）、土地（gajunageran）、狩獵神（badugudujan)等。

　　每年8月下旬，比魯部落舉行年祭，禮器以香燭替代原來的小米梗、專用的bwut植物葉子，採取香與香紙是符合現代習慣，至於祭祀的祭品，以往狩獵生活時，包括獵物及獸骨，但現在則是一般的阿麥（amai）粿、一罈小米酒及傳家之寶「太陽的眼淚」（rusernaadau）琉璃珠等。

　　祭祀儀式開始，部落執事長老首先帶領大家歡呼「hei、hu」，然後打開祭祀用的小米酒罈，頭目以專用的木杯krudai，在祭師一邊念祭文時，他以手指沾小米酒點祭，接著到戶外庭園裡再次進行祭儀。

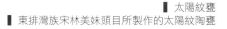
▌ 太陽紋甕
▌ 東排灣族宋林美妹頭目所製作的太陽紋陶甕

■ 現代陶甕上的
太陽紋創作

排灣族人習慣上，在遷居到一個新地點時有「插竹立家」的習俗，戶外的地點是當初祖先移居到正興村時，曾經插竹的地方，他在當地祭拜住過的祖先及亡魂、駐守的土地神等。完成後到祭台前，以玻璃杯倒了幾杯的小米酒向祖先及太陽神等敬酒。

在祭拜儀式中，除了祖靈外，事實上是對傳統上排灣族人的泛靈信仰祭祀，包括太陽、天地、山川及亡魂等，尤其是後者，在狩獵文化中，特別有對動物亡魂的祭祀，頭目家族藉祈求獵物亡魂保佑綿延不絕，族人隨時有獵物可以抓，有對死去的獵物安慰的意涵。接著將祭祀後的小米酒讓在場的成員輪流喝，必須在頭目家中喝完。

■ 魯凱、排灣族的太陽創作

魯凱族是崇拜大自然神靈的族群，尤其十分敬畏太陽神，在傳統的浮雕及衣飾刺繡上，就有族語稱為「vai」的太陽圖紋，族人對太陽神的崇敬不比常見的百步蛇圖紋低。

有些魯凱部落所作的木雕作品，畫面上只雕了太陽，長老的說法是「有太陽就有百步蛇」。東魯凱達魯瑪克部落集會所內部所設置的板雕，代表祖靈和部落信仰的太陽之子稱為smaralai，雕刻的人像紋，頂上頭冠刻著繁複的太陽紋與飾物，額頭上則鑲上了一排貝殼圓片，象徵能力高強。族人認為木雕像所在，感覺到有股siaderlan（靈氣附身）一樣。

排灣族人除了也習慣以木雕表現太陽紋，土坂部落現任頭目包秀美為了紀念其母親包春琴，其一生帶領族人歷經日治、國民政府時期的考驗，頗受族人愛戴，而發起雕像紀念。特別邀請木雕家Gusan（1969-）漢名丁進財，雕刻了她的人像，放置於祖靈屋內，供後輩緬懷，丁進財在雕像頭上刻了一個太陽，代表著傳統信仰與其對部落的貢獻和所受到的愛戴。

▍丁進財〈包春琴頭目雕像〉　　　　　▍包春琴木雕與祖靈木雕併列

　　近代族人也喜愛在陶藝或刺繡上強調太陽紋，比魯部落老頭目宋林美妹（1924-）於1996年始學習陶藝，掌握到陶甕的製作，立刻就塑造了一個部落遷徙甕，從族群起源太陽開始，部落居住過的山川河岸都記錄在陶甕上，與祖先的歷史銜接。

▍太陽神阿波羅

　　希臘神話中太陽神阿波羅，是美男子的化身，他精通箭術，掌管詩歌、音樂，每天駕著光芒萬丈的馬車翱翔天空，為大地帶來光明。

　　阿波羅是宙斯與麗托所生的兒子，因為被天后希拉發現而心生嫉妒，阿波羅只得與孿生妹妹黛安娜，一起躲在地中海上一個小島生活，長大後阿波羅接受太陽神之職，駕駛由四匹駿馬所拉的馬車奔馳於天空，當燃燒著金色火焰的馬車從雲端出現，耀眼的光輝喚醒大地，真是一幅壯闊的畫面。

　　有一天阿波羅與小愛神邱比特相約比賽射箭，淘氣的邱比特為了展現他愛情金箭的魅力，刻意將箭朝阿波羅射去，同時把鉛箭射向恰巧路過的河神之女「達芙妮」。

　　中了金箭的阿波羅愛意大發，立刻展開熱烈追求，但是達芙妮卻害怕地四處躲閃，阿波羅不放棄機會，甚至怠忽了太陽神的任務，正當阿波羅在背後苦苦追趕，眼看即將追上達芙妮時，達芙妮急得大聲呼喊，請求父親將她變成一棵樹，她不要嫁給阿波羅。

　　河神聽見女兒的求救，便將她變成一棵月桂樹，阿波羅傷心欲絕，最後求達芙

▍貝里尼〈阿波羅與達芙妮〉

妮讓他摘下樹葉，編成桂冠戴在頭上紀念她，並且每年選出傑出的詩人，授予桂冠，這也是「桂冠詩人」的由來。

巴洛克時期著名的藝術家貝里尼曾經把這件古典淒美的愛情故事，化為大理石雕像，一前一後的阿波羅與達芙妮，奔跑出

美國洛杉磯蓋堤美術館中，用黃金打造的桂冠頭飾。（王庭玫攝）

動態的美感，張惶失措的達芙妮秀髮飄揚，只是逐漸變為樹葉，她的手腳也慢慢變為樹幹與樹枝，阿波羅看著心愛的人消失，仍然束手無策。

出生於義大利的貝里尼，從小就有藝術天賦，八歲時就會雕刻，十六歲即接受委託製作雕像，足見其天份，〈阿波羅與達芙妮〉也是巴洛克藝術表現中，追求動態感最直接的例子，達芙妮身上的變化，就如同持續在進行般，讓我們體驗到時間的流動感。

對話──太陽信仰與藝術表現

太陽的威力無遠弗屆，自古以來是人們崇拜及歌頌的對象，世界各地民族以太陽做為圖紋創作的例子頗多，太陽神殿曾在歷史上佔重要一頁。僻遠的排灣族人也有太陽神、太陽祠的信仰，族群文化的涵養雖然因各種條件而異，各區域也會顯示不同的面貌，但是對於大自然的敬畏與進而衍生的宗教信仰觀念，仍具有普同性與價值觀。

排灣族、魯凱族藉由祭儀與藝術行為對太陽的崇敬，從刺繡、木雕與陶藝等工藝製作，甚至於歌謠等多元藝術展現，可以看出族群文化豐富的面向，在人類藝術發展的長河裡，非但未曾缺席，同時表現也不遑多讓。

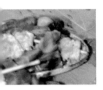

吃果子拜樹頭

卑南族祭祖

在太麻里鄉三和村的Panapanayang（東排灣族人稱為Ruvuahan）地區，傳說是東排灣太麻里大王村及卑南族知本部落祖先登陸地，當地豎立了「台灣山地人祖先發祥地」紀念石碑，2002年卑南族知本（卡地布）部落，特別在此地舉行隆重的祭祖儀式，並慶祝當地園區綠美化與規畫完成。

二、三百位卡地布部落三大家族族人聚集於「台灣山地人祖先發祥地」紀念石碑園區內，舉辦盛大的「bilala」祭祖活動，高明宗等三大司祭長首先祭祀土地守護神，隨後由巫師團連金仔率成員祭祀祖靈，其間並發生祖靈附在巫師身上，訴說著祖先的過去，讓在場老輩族人眼中充滿淚光。

隨後族人十分有秩序地依著年齡的順序，由年老者在前，排隊走上階梯向三位先祖祭拜，並且訴說著對祖先的思念，場面令人動容，接著由卡地布三大家族邏法尼耀、瑪法琉、巴卡魯固的司祭長陳興福、林海財、高明宗及卡地布文化發展協會理事長汪志遠，帶領全體族人以現代方式祭祖，在行禮如儀後，由卡地布文化發展協會常務監事林德生以卑南族語口傳史講述、理事長汪志遠則以國語翻譯及講述，然後由北原山貓陳明仁所帶領飛魚與雲豹音樂工作室將進行傳統歌謠演唱會，族人進行歌舞祭祖、烤肉聯誼會活動及歌舞表演活動。

▌「台灣山地人先祖發祥地」紀念石碑
▌卑南族祭祖（右頁圖）

卑南族祭祖

卑南族起源，大致區分為石生、竹生兩大系統，位於中央山脈下包括知本、建和、利嘉、泰安、阿里擺、初鹿、下賓朗等部落屬於石生，台東平原上的南王、寶桑則為竹生系統。曾建次主教整理的卡地布部落的口傳歷史指出，在太古時代發生了大洪水，太陽和月亮都被淹沒了，有五位兄弟姊妹乘坐木製米臼逃離，Hunin和Vulan兩人後來被推上天空成為新的太陽和月亮。

另外的三人包括Sukasukaw（索加索加伍）、Tavatav（塔巴塔布）、Paluh（巴魯伍）則從新浮出的台灣陸地上岸，登陸的地點就叫做Ruvuahan或Panapanayang，其中Paluh走到大武山後留下，Sukasukaw與Tavatav回到登陸地附近，將竹杖插在地上，成為竹林。

後來兩人結婚，生下了魚、蝦、蟹等動物，太陽告訴他們要放入溪流並且做為日後的食物和祭祀品，接著又生下了鳥類與各種顏色的石頭，黃色的是漢人及日本人，紅色和白色是西方人，黑色的則是台灣原住民，而Paluh也生下了黑色石，傳說是排灣族的祖先。

而知本卡地布族人則相信當地是他們祖先最早發祥繁衍的地方，因此，在1960年由前知本國小校長陳實及族人，豎立一座「台灣山地人祖先發祥地」紀念碑加以紀念，並於每年清明節到該處祭祖，後來附近地區與陸發安有血源關係的族人，包括建和射馬干、太麻里鄉大王村排灣族及台東市豐里地區阿美族人，也在紀念碑旁設置小型祭台，儼然成為該區域原住民認同的祖先發祥地。

▎建和部落的土地神廟與雕像

建和部落卑南族人傳統信仰以各氏族家中所設的祖靈屋為主，但是

有一座融合現代漢人信仰的土地廟宇建築相仿的「Miajou（當地卑南族人稱為地方神）」，供奉土地神、女巫及為部落捐軀的勇士英靈，尤其是廟裡所刻畫的木雕像十分特別，充滿對先人的感恩之情。

1992年，建和部落族人聚會討論，部分族人經常夢見去世的族人，因為死後沒有子孫祭祀而心感不安，且部落裡意外頻傳，因此建議建廟祭祀，在族人獻地捐款下，於頭目哈古家前蓋了一座紅頂白牆的「Miajou」，內部由哈古親自雕刻了三座木雕供奉，正中以端坐、留著長鬚的是土地神、左右各站著一尊頭戴花環的歷代女巫（Bulingau）像，與手持長矛、佩刀的歷代勇士（Valisun）像。

哈古表示，Bulingau是女巫的化身，過去巫師施法有好的巫術與壞（黑）巫術，通常施壞巫術的都沒有後代，Valisun則是為守護部落而捐軀的勇士，他們多半是被砍去頭顱；這兩種人死後，一直也沒人去超渡其靈魂。哈古說，族人委請他雕刻為神像，供族人祭祀，以對祖先的感恩。

▌建和部落土地神廟與哈古木雕（上二圖）

　　每年的農曆春節與中元節，建和部落族人會準備牲禮、鮮花素果前

來祭拜，祭祀方式與漢人類似。不過卑南族與排灣族過去都應用制式板雕象徵祖靈，哈古的祖先立體神像雕刻，在原住民社會中是少見的現象，且以新的方式追思祖先，富有時代意義。

▌ 高更的〈我從何處來？我是誰？我往何處去？〉

〈我從何處來？我是誰？我往何處去？〉是印象派晚期畫家高更（Paul Gauguin,1848-1903）的重要作品。

高更的藝術生涯很特別，三十五歲以前他是法國一名股票商人，有五個小孩，生活優渥，在他在事業高峰期卻選擇專心投入繪畫創作。1891年他拋棄了一般人生命中一輩子追尋的名利與家庭生活，隻身前往大溪地島遠離文明的束縛，追求自然純樸的生命原貌。

高更在大溪地島，碰上玻里尼西亞人，他們原始的生活方式與對大自然的和諧關係，與歐洲文化中將人與自然分開的思維模式不同，他想將歐洲的「文明」傳入大溪地島，但是自然環境與居民生活的簡樸卻讓高更產生了複雜的衝擊；他原來計畫到另一個世外桃源來創作，丟棄原有的繪法技法，改採簡單與大塊色彩的應用來符合大溪地的真實情形，但是更多時刻面對大溪地居民的生活方式卻讓他逐漸地卸除心裡的最後一道防線，回歸於簡樸原始的信仰與觀念，〈我從何處來？我是誰？我往何處去？〉其實是畫家內心世界的具體呈現。

從外觀上來看，這幅畫描繪大溪地人民的生活情形，背景有熱帶環境的大地，充滿著異國的風味，事實上卻佈滿著各種象徵的意味，畫面區分為三個部分，右方是田園景致與生活群像，包括右下方三、四個婦女各有不同姿態坐著，在一起交談，地上躺著一名嬰兒，像是述說著人「從那裡來」。圖中央的大溪地女郎高舉著雙手採摘水果，類似夏娃在天堂樂園中偷摘禁果，隱喻「我是誰？」。左上方有一尊神像，可能是當地人的信仰，左下方側坐著另一名婦女，身旁則是一名皮膚黝黑的女巫，談的應該是信仰的問題，也就是「往何處去」。

相對於大溪地的人物與景物，高更用他所接觸到的真實田野景相，反映了自己的思考與感覺，試圖從原始的生活狀態去找尋文化的根源。

不過高更並沒有提出確切的答案，或許作品本身就已經提供了解

高更的油畫創作
〈我從何處來？
我是誰？我往何
處去？〉 139×
375cm

答，我究竟從何處來，身處何地，將往何處去，每個人的境遇不同，只
不過文明的脈絡恐怕是相似的，我們都從原始走過來，文化不過僅是過
度時期的裝飾罷了，從這個角度去思考，每個族群都有自己的文化，不
在於它的大小、強弱，也沒有任何理由、基準去區分它的高低。

對話——慎終追遠與祖先崇拜

「祖先崇拜」儀式，讓祖靈藉著巫師靈媒的溝通，來到人間庇佑族人，
過去以這套體系維繫民族的道德觀及社會秩序的運作，同時有能力解決
各種人類存在的問題，如生死、疾病、農作收穫等。因此各民族皆十分
重視自己的祖源，不管來自何地，都有傳說故事慎終追遠，靠著口傳流
傳千年。

西方藝術史當中，思索人的來源或生命的意義作品中，高更的〈我從何
處來？我是誰？我往何處去？〉最為特殊，他自身進入異族群的土地，
融入另一個文化體系，讓他理解差異不在於自然與生理，而是文化的建
構模式不同。

我們通常習慣自己的生活、文化模式，認為理所當然，對照於高更的跨
文化學習經驗，從歐洲到大溪地，文化現象的思考曾經佔據了他的內
心，作品自然反映出這些矛盾與掙扎，異文化的比較，再度對照於卑南
族人追尋祖先來源的神話，很有意思。

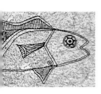

飛魚王與美人魚

雅美（達悟）族的飛魚王

　　雅美族人認為飛魚是上天賜給他們最佳的禮物，以飛魚為核心的海洋相關祭儀與雅美族文化更緊密相連。

　　雅美人尚未懂飛魚前，據說魚神曾經托夢給一位族中老人，要他去見一隻黑藍色翅膀的飛魚王，第二天老人見到了飛魚王，它向老人說，因為族人吃飛魚的方法錯誤，才導致族人生病。飛魚王接著告訴他正確的吃飛魚方法，並且教他捕飛魚的相關要領，他回去之後傳給族人，從此之後每年有大量飛魚造訪，讓族人豐收，也有充分食物可吃。

▌飛魚的店面招牌

　　在雅美（達悟）族人心目中，飛魚是上天賜給他們的魚，逢捕飛魚季節來臨，族人紛紛準備曬魚乾架、掛魚網的木架，清洗相關器物，漁人、紅頭、椰油、東清、野銀、朗島等各部落迄今仍遵守以「招魚祭」（米旺瓦）登場。

　　儀式結束後，族人就可以下海捕撈飛魚作業，族人對海洋魚類有自己的文化分類和經驗法則，伴隨著食魚文化及行為規範，與雅美人的生命階段契合，基本上是以好魚、壞魚及男女性為基礎，來加以分類，例如：好魚（男女皆可吃）、壞魚（男性吃的魚）、老人魚（祖父身分的男性才能吃）。另外以人生階段的社會需求為分類，依魚腥味、魚肉質等為標準，有孕婦、生產的婦女、孩童等分別食用不同種的魚類。

一般而言，各部落有自己的區分標準，腥味重的魚屬於男人吃的壞魚，老人不必做粗活，耗費體力較少，因此就吃更腥的老人魚，女人魚則如鸚哥魚、黑鮪魚等肉質甜嫩的魚類，孕婦也是食女人魚，例如稱做「ive」（俗稱白毛）的魚種，雅美人說煮湯後呈現白色膠狀，「吃了後奶水會噴出來」，可以補充孕婦哺育所需。唯一比較不受約束的是飛魚，男女老少皆可食用，雅美族人林杉樹表示，黑色翅膀的飛魚不可烤來吃，流傳下來的規矩告訴族人，違反禁忌食用，身體會中毒。

▌飛魚的〈黑翅膀〉作品

▌夏曼‧瑪德諾‧米斯卡〈黑翅膀〉

　　雅美（達悟）族藝術家夏曼‧瑪德諾‧米斯卡（黃清文,1972-）最喜歡飛魚、繪飛魚，也把自己外號稱作「飛魚」，他的飛魚造形充滿著雅美的典雅圖紋氣息，眼睛是「船眼」，魚身上是人形紋、波浪紋，讓人感受出雅美文化的活力。

　　夏曼‧瑪德諾‧米斯卡曾在東海岸開設了一個簡餐店兼工作室，店面招牌上的飛魚設計，就是出自他的手筆。此外，他擁有一身好廚藝，接受客人訂餐，自己隨時可以下廚，閒暇時就作畫或者創作。

▌飛魚偶戲
（左右頁圖）

2005年夏曼‧瑪德諾‧米斯卡繪製一張油畫作品〈黑翅膀〉，畫的正是雅美族人傳說中的「飛魚王」故事，展翅的深藍色飛魚，翱翔、睥睨大海，就像是一位君王親臨大地般威武。

▌飛魚王的偶戲創作

2001年的一個偶然的機會，學雕塑出身的黃明道偕妻子兩人踏進蘭嶼土地，在基金會服務的時間他深入部落、地下屋和雅美族人一起，為孤苦老人送餐、為青少年辦活動，為付不出學費的兒童籌募教育經費……。

黃明道對族中盛行的雕刻風氣相當著迷，也萌生了製作雅美戲偶的想法，他以環保材料設計獨特的提線戲偶造形，成立了迷你劇團。並由傳統文化找尋材料編劇，展翅的深藍色「飛魚王」故事，順理成章地成為主角，以「飛魚的故鄉」劇碼跨出大步，也成了他的成名之作。

劇團所到之處，每當操作穿著傳統服飾的戲偶活靈活現的舞動起

■ 飛魚偶戲
（上二圖）

來，立刻吸引觀眾的目光與熱烈歡迎，他們很難相信演出的戲偶，是由日常所見的寶特瓶、廢報紙等資源回收物製作出來。黃明道的理想是盡可能邀身障朋友加入劇團操作戲偶和燈光道具，讓他們有機會自立走出來，黃明道說「劇團音控的身障族人，曾經在台灣工作斷腿，真希望劇團能上軌道，為他更換義肢」。

可惜的是他壯志未酬，2005年黃明道因過度操勞罹患肝病去逝，妻子依其生前遺願，將骨灰灑在蘭嶼海上，永遠隨著飛魚的聖靈，守護著他關愛的島嶼。

同年9月，地方發起一項義賣展，東屏兩地藝術家們捐出作品，連同他的戲偶一起義賣，所得為蘭嶼老人購買收音機。

就在義賣的場地，許多當年他所指導過的台東大學戲劇社學生，主動從全省各地趕回，為他們所敬愛的老師演出一場可能成絕響的「飛魚

的故鄉」劇碼，紀念他如彩虹般燦爛稍縱即逝的人生。

▌渥特豪斯的〈美人魚〉

　　希臘神話故事中，有一對人見人怕的海洋女妖──賽倫（siren）姊妹，她們居住在西西里島上，早期的賽倫是擁有一張美麗臉龐及鳥身的怪物，靠著翅膀飛翔，經常以迷人的歌聲和臉孔來迷惑隨船經過的水手。中世紀之後，賽倫演變成魚尾的形體，化身變成美人魚，當水手上岸後，就將之吃掉，路過的船隻都很難倖免。

　　奧德賽這位年輕人，想嘗試通過這條危險的海域，他事前得到女巫的指示，以蜜蠟封住船上同伴的耳朵，自己為了想體驗那勾引靈魂的歌聲，特別要船員弟兄將他綁在船隻的桅桿上，以防萬一，果然當通過時，奧德賽陶醉在賽倫的歌聲裡，數度想掙脫上岸去找尋，所幸身上的繩子救了他，但這段經歷讓奧德賽念念難忘。

　　另外第二艘逃過的是阿爾戈號，當賽倫化身美女上船，船上音樂奇才奧菲斯，唱起優美的歌來，連賽倫都羞愧無比，歌聲甚至使女妖們跳入大海或變成岸上石頭。

　　這段神奇動人的故事，在英國畫家渥特豪斯（Waterhouse,1849-1917）的筆下，流露出迷人的畫面，美人魚坐在海岸邊，正在梳理長長的紅頭髮，側身的面龐惹人

▌渥特豪斯〈美人魚〉 1901　98×67cm

憐愛，下半身則已化為魚尾，更添增了美人魚奇異的美感。

　　最富盛名的美人魚，應該是1913年由Edvard Eriksen完成設於哥本哈根港口岩石上的美人魚雕像，取材自安徒生童話故事的美人魚，永遠守候在岸邊像在等待著她的王子出現。這尊動人的雕像，每年吸引一百萬遊客，已成為哥本哈根的地標。

對話——神話與民族

神話是民族文化的重要構成之一，在民族發展的過程中，隨著社會變遷，信仰、道德意涵改變與需求，神話不斷地添加它的厚度，被賦予它的力量與價值，而透過神話傳說的追溯，讓我們可以站在高處，更清楚了解民族文化的性質及傳統的延續。

台灣原住民靠著神話傳說傳承歷史，從研究許多口傳資料，事實上就是深入民族的生命核心，深掘民族蘊藏資產，不論是探索民族起源或人類演化的線索，它都是無可或缺的要素。

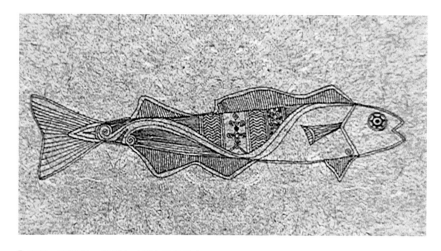

▌夏曼‧瑪德諾‧米斯卡〈飛魚的裝飾〉

第二篇
祖先的榮耀
生活與歷史之美

昔日先人披荊斬棘，開創人們的生活，設立各項規範，一頁頁血淚的歷史，換來安定的社會。

鄒族的會所是部落知識學習與成長的核心，也是傳承族群文化的場所，其功能就近似西方的學院，教育的方式原來就涵蓋多元與多樣的方式。僅管社會制度設計也許不同，階級制度卻好像曾經存在，習俗也互有差別，搶婚則是共同的歷史記憶……

我們似乎很難去分辨排灣族頭目與西方皇帝的加冕儀式，在文化內涵上有何太大的差異？

集會所與教室

鄒族傳統的會所——庫巴（Kuba）

　　傳統上鄒族是由許多Hosa（社群）組成，每個社群都有一座「庫巴」——男子會所，是舉辦祭儀與部落的精神中心。因社會環境變遷，目前只剩下達邦、特富野兩個部落擁有庫巴會所。

　　庫巴以茅草、木頭為材料，為高架的干欄式建築，傳統工法以藤纏繞，不用鐵釘，卻十分牢固。屋頂上栽種代表鄒族的神花「木檞蘭」，據說如此可以讓天神知道是族人的住所。

　　沿著木梯進入庫巴，內部中央一座火塘，終年燃點薪火，象徵族人的生命之火，平常則用來取暖、煮食物。另外設置了「敵首籃」，以往是放置敵人首級之處，現在是族中勇士去世後所留下的火器或護身符等，以表示對他們的尊重。

　　庫巴平日嚴格禁止外人進入，女性更不能靠近，男子成長到十二、三歲，就必需搬進「庫巴」居住，跟隨長老學習生活禮儀、部落歷史及狩獵、征戰等技巧，透過集會所的功能，使鄒族的年輕人學習到傳統文化與技能，代代相傳下去。

▋庫巴清晨

　　至於Mayasiri（戰祭）等隆重祭儀，分別在會所及廣場進行，部落大事的商議，頭目與長老也會於庫巴聚會討論，庫巴集會所與族人的生命過程幾乎結合在一起，族人說，早年部落間發生戰事，若族人不幸戰敗，被敵族攻入部落時，所有族人都必需集體躲在「庫巴」下方，與庫巴共存亡。

　　目前鄒族教育制度，已融入台灣整體教育體系之下，但是2005年阿里山鄉里佳分校卻出現一個頗有意思的現象，可以將傳統庫巴的教育功能與現代連結起來。該校學生共有二十六名，學校建築物僅七間，其中六個年級使用四間教室，教學空間明顯不足。鄭佩茜校長靈機一動，把校園內設置庫巴式樣的涼亭建築當作辦公室，自己在庫巴內上班，沒料到師生家長反映都感到十分親切，社區民眾也常來庫巴話家常，家長學生也不再感到嚴肅拘謹，她說「沒想到簡陋的辦公室，更能凝聚情感。」

▋鄒族男子進入庫巴（上圖）
▋鄒族人在庫巴前舉行活動

卑南族的少年教育

　　Takuban（塔古邦）——少年會所是卑南族南王部落傳統的公共建築，每一位少年成長階段都有在此接受嚴格訓練的共同記憶，在這個「大家庭」的團體生活，也是學習當一名卑南族人應有的各項技能與基礎知識的地方。

　　為著製作卑南族建築塔古邦，好讓年輕人有機會認識傳統少年會所的教育方式，林仁誠（1933-）連續幾天騎著車子在台東郊外找材料，好不容易於紅葉山區找到所需要的竹子、茅草，他下了很多工夫，憑著少年時期留下的深刻印象，細心地以工作刀削平竹管、竹片，慢慢地架起了建築結構，再將內部的樓層、竹梯及設施一一設置，每天工作數小時，終於搭蓋了一棟迷你的塔古邦模型。

▋ 林仁誠製會所模型（上圖）
▋ 南王部落的「塔古邦」小型的少年會所模型（右圖）
▋ 南王部落的「塔古邦」少年會所建築（右頁圖）

林仁誠表示，塔古邦與卑南族少年成長訓練相當密切，他回憶自己在十四與十七歲時曾經兩度在南王部落裡參與蓋塔古邦少年會所，那時候部落分為南北兩區域，彼此競爭，長輩會帶著少年們到山上找材料，大家分工合作蓋會所，大約一星期就可以興建完成。

　　除了日治晚期因戰爭關係停止猴祭等祭儀外，南王部落對少年的訓練一直維續不墜，林仁誠説，每年夏季的海祭過後到猴祭期間，少年們每天放學就進入塔古邦學習各項規矩，例如：「膽識」、「禮儀」、「服從」、「技藝」等，塔古邦就像是另一個家，由同級年齡稍大的「馬拉導灣」擔任「班長」負責訓練，每天會安排不同的工作或替部落、族人服務，並嚴格加以考核，少年的行為皆列入觀察，例如在路上碰到老人家要迅速讓開，自己站到路旁並打招呼，如果有重物必須主動

▌南王部落2008年新建少年會所

幫忙，凡是表現不好的少年，晚上則會被「馬拉導灣」處罰打屁股。

至於少年的技藝訓練，「馬拉導灣」會指導製作猴祭專用竹杖等手工藝，平時也利用夜晚講述鬼故事，然後在凌晨時分要求少年們經過墳場，進行膽識教育，另外也強調像摔角等技能，尤其是南北部落相遇時，經常會互相比劃一番，輸的一方無可避免要接受打屁股的懲法。

林仁誠回憶起少年時期在塔古邦內的訓練情形表示，塔古邦內各項規定十分嚴格，頭目或長老有專用的指導位置，少年們都不敢踰越，「學三年，叫三年」，大家幾乎皆在被打屁股的陰影下度過，只要一表現不好，立刻就受罰。猴祭期間，在塔古邦內年齡層晉級也要接受打屁股洗禮，他記得最高曾被竹杖連打了三十次。「雖然如此，少年們都認為是應該的，每個人都在學習服從，因此以前很少聽到卑南族青年人做壞事」。

在塔古邦受訓還必須遵守不准抽煙、喝酒和與女孩子交往的禁忌，生活像是軍事管理，通過訓練期後晉升為「米亞布旦」，再接受狩獵技能考驗，升上「萬沙浪」級，就表示已經成年，自然除去相關禁制，得以交女朋友、結婚生子。

▌集會所的創作

南王部落塔古邦少年會所前設置了一系列的浮雕，具體而微地將各種卑南族傳說故事及習俗描繪下來，設計的團隊包括青年藝術家見維・巴里（1966-）、陳建年等人。

〈南王少年會所與訓練〉浮雕，畫面右方包括兩個少年從山上扛著

木材回來、左邊兩人忙著劈柴、一人在生火煮食,另外靠近會所下兩人
進行相撲、一人正要爬竹梯、會所上層則站著遠眺的兩人,生動地將卑
南族如何透過會所訓練青少年,鍛鍊各種生存或生活必備的能力。

　　南王國小內也有一件少年會所的浮雕集體創作,木板上雕刻「塔古
邦」建築的造形,男女族人手牽手站在會所前面,浮雕外圍則加上了花
環,好像是為新落成的少年會所慶祝一般。

▌ 南王部落少年會所板雕

▌拉斐爾的〈雅典學院〉

　　拉斐爾（Raphael,1483-1520）是文藝復興三傑之中人緣最好的一位，他雖然沒有達文西才學縱橫與米開朗基羅的技巧毅力，但是他學習能力頗強，也很快融入並豎立起自己的風格，作品〈雅典學院〉是一個例子，也是拉斐爾的代表作之一。

　　文藝復興時期思想重心，由宗教神權轉移至以「人」為主體的人文主義，盛行「新柏拉圖學派」，當年受教皇朱力斯二世邀請，繪製於梵諦崗聖彼得大教堂內的〈雅典學院〉，主要描繪希臘時期的學者柏拉圖和一些著名的哲學家、學生們聚在一起研究辯論知識的景象，將希臘時期的思想學說加以發揚。

　　站立在畫面正中央拱門背景下，手指著天空長像酷似晚年達文西的人物即是柏拉圖，另一位手指地且握著一本書的是亞里斯多德；此外台階上的人物皆很有來頭，左邊看著書本的是詩人阿納奎安及發明畢氏定

理的畢達哥拉斯，右邊彎著腰以圓規量測的為歐幾里得，拿著地球儀的為天文學家托勒密；至於中間坐著支頤沉思寫作的則是米開朗基羅。

　　〈雅典學院〉畫面中的人物描繪手法，無論碩壯的人體所展現出陽剛力道之美與人物結構組合，看起來似曾相識，似乎受到近在咫尺的西斯汀教堂的〈創世紀〉壁畫不少影響，有米開朗基羅的影子；不過〈雅典學院〉流露著獨特的哲學、文學、藝術、幾何學、天文學等多門學問的人文氣質，自由辯論的場面則呈現海納百川的百花齊放格局，希臘時期重視教育、民主的風氣，躍然畫面上，奠定它在藝術史上的地位，同時對一個引領新時代風騷的文藝復興運動，做了最明確的註解。

▌拉斐爾在1510年所畫的〈雅典學院〉，現存於梵諦崗美術館（左右頁圖）

▌對話──知識殿堂與生活化的教育

一張作品幾乎掌握了當時重要的知識潮流，並且囊括了著名的學者，可見文藝復興期，對於知識的渴求與尊重，〈雅典學院〉做了知識殿堂的完整呈現，也開啟了體制教育的思潮。

早期台灣原住民的教育方式，則與家庭、部落是緊緊結合的，公眾式的教育首推集會所的制度，例如鄒族的「庫巴」、卑南族的「巴拉冠」、阿美族的「斯飛」等，男子在成長過程中必須要進入會所，接受各項技能訓練或基礎知識、部落歷史與族群文化、倫理道德養成等。一旦部落遇到征戰或保衛安全時，會所往往成為指揮中心，擔負起保衛家園的重任。因此會所功能廣泛，猶如肩負生命禮儀中心、知識殿堂、技能訓練基地、軍事保壘等多元角色。

搶新娘

▌魯凱族訂婚禮喜洋洋

　　傳統的魯凱族訂婚習俗稱作「斯茂蘇杜」，是一項隆重且充滿禮貌周全的儀式，台東縣於1999年曾舉行一場別緻的魯凱、排灣聯姻，完全以古禮來進行，彷彿讓族人回到舊時光。

　　這場訂婚的男女主角分別是居住在金峰鄉歷坵的杜義輝和台東市新園里的高秋麗，歷坵居民多半是排灣族、魯凱族人，由於處在偏遠位置，維繫著許多傳統禮俗，杜義輝屬貴族，因此聘禮完全以魯凱族傳統

方式來準備,包括:二頭肥豬、成串的檳榔、荖藤、香蕉、甘蔗及「阿麥」粿、小米酒和木頭等,此外還有百合花、花環,現代的喜餅也不免俗,他們分別由族人組成迎親隊伍,以竹桿扛著各項聘禮,到達部落前以步行方式前往女方家中下聘。

新園里則以陸續移入的排灣族、少許魯凱族人,以及漢人雜居為主,風俗習慣多半已經淡忘,以致當男方的迎親隊抬舉著聘禮魚貫進入部落,才發現隆重的禮儀突然出現,族人還真有點束手無策,不知道如何去迎接。

所幸特地隨行的陳參祥向來對於魯凱傳統文化十分嫻熟,經過他殷切地提醒,大家才趕緊手拉著手圍成圈以歌舞迎接親家的到來,接著男方長者到場中介紹所攜帶來的聘禮,同時一一解釋其中涵意,檳榔、荖藤是表示對女方的肯定,甘蔗、香蕉則是象徵甜蜜過一生,百合花代表著尊重新娘的聖潔。

往昔如果是貴族與貴族的通婚,還要包含陶甕、刀、鍋等器物,陶甕是魯凱族神聖的物品,刀鍋則是過去鐵器缺乏時的重要生活用品,所有的聘禮皆有其意義和禮儀。

魯凱族訂婚
(左右頁圖)

女方家族長者隨之感謝所帶來高貴的聘禮,雙方以歌唱方式展開對話,一邊喝著小米酒,一邊談論結婚的事情,彼此充分溝通,也因為聯姻所帶來的喜悅,讓親友們有談不完的話題。

陳參祥為了使訂婚儀式更溫馨別緻，特別帶領大家唱著歌謠，緩緩跳著舞步，讓場面沐浴在傳統的喜悅裡；女方家族則趁此機會先行宰殺肥豬和切開阿麥粿分給親友帶回食用。

當地魯凱族耆老杜東龍因為僅有他了解殺豬的習俗，因此由他負責操刀，首先切下豬頭，再是一圈脖子肉，最後才是一般身體部位豬肉。杜東龍說，魯凱族訂婚儀式中，豬頭部分呈給女方家族中的長兄姐，脖子部位則呈獻部落頭目，其餘的才分贈親友。

整個訂婚儀式就在親友分得部分聘禮豬肉、阿麥粿後，結束難能可貴的「斯茂蘇杜」，新園的鄉親久未親眼見魯凱族習俗，從中感受到傳統文化上親切的衝擊，像一位族人所說的，那種感覺就像回到故鄉一樣。

魯凱族的搶婚
（左右頁圖）

▍魯凱族婚禮熱滾滾

1997年東魯凱族達魯瑪克部落舉行一場別開生面的傳統婚禮，全身包裹著毛毯的新娘，由男方家親友合力拉搶回夫家，重溫了搶婚的習俗。

這場婚禮主角是由當時擔任村長的蘇金成，一早男方親友一起到新娘「慕妮」家迎親，聘禮包括陶甕、佩刀、肩帶、傳統服、犁、鍋等六項，由頭目慕蘭子代表女方接受，此時，男方親友以歌謠歌頌新娘從出生到出嫁表現得很獲族人讚美，也感謝其父母親將女兒許配給新郎。

「慕妮」則在家人、女伴們合力下，全身以毛毯裹住，

新娘想起將離開生長家庭，不禁以手帕掩面並與母親相擁哭泣，隨後男方家人抬起新娘，但遭到女方家人阻擋，雙方在家門前拉搶數次，曾經喜歡新娘的族人也加入拉人行列，象徵搶婚的古俗，據說以往還曾發生新娘在半途中遭到昔日戀人搶走的例子。

現場氣氛雖然帶著淡淡哀傷，但很快地被熱滾滾的喜氣沖散，新娘被拉抬簇擁著回到新郎家，蘇金成起身抱入懷裡親吻，老輩族人說現場不準打噴嚏，否則婚約會被取消。接著新娘起身搗小米下鍋，巫師再以小米糕向祖先祈福，向天敬三次，表示賜給家庭幸福、拜地三次則是賜給兒女，並讓新人吃三口，表示已經結為夫妻。

由於傳統婚禮已多年未辦，在儀式完成後，男方家人再將新娘繞行部落，告知族人該項佳音，然後新郎抱著新娘走過設置在大南國小操場上佈滿花葉的禮門，進入婚宴會場，全體賓客起身歡呼，小朋友們則表演歌舞助興，現場熱鬧非凡。

晚上，部落裡男女青年歌舞狂歡，新郎以咬過的檳榔以口對口給新娘吃，女方家另準備了樹皮縫製的褲裙讓新娘穿上，新郎只能用口將樹皮撕開，新娘為了要表示貞潔，夜間要演出逃家的行動，有時候躲在附近親戚家，有的躲在樹上，讓男方家人找尋。

第二天清晨，男女青年到女方家用餐，新人互相餵食小米糕，用完後共洗一盆水，洗完後將盆內水各喝一口表示愛情永固，一直到第二天夜晚才正式入洞房。第三天則是新娘要早起出門挑水到夫家，表示已成為入門媳婦，男方家則要將木頭送給女方家，完成整個魯凱族婚禮。

魯凱族的搶婚

▋ 塗南峰的〈排灣婚禮〉

屏東縣來義鄉木雕家塗
南峰（1964-）擅長寫實及
象徵意象的雕刻，近年來他
的創作受到各界矚目，邀約
不斷。

塗南峰創下以中文字
畫表現在他的木雕作品上，
例如〈原住民站起來〉，
他用了中文字加上原住民形
象，再加上大量的人像紋，
組合了一組類似屏風般的作
品，讓人耳目一新。他也用
這種手法，在曾華德大頭目
的住屋大門內側，分別用男
女主人的族名，刻出了兩人
的形象。

〈排灣婚禮〉則是刻
畫著身穿傳統服飾的排灣
族青年，背著他的新娘，
而新嫁娘舉著右手向親友
招手，背後跟隨著頂小米
酒甕及小米作物的婦女，
另外兩名男人則扛著獵
物，婚聘隊伍繞著中央的
石板屋，過去部落內結婚
的習俗，都會繞行部落報
喜。

▋ 塗南峰〈排灣婚禮〉

塗南峰〈排灣婚禮〉

波隆納的〈被掠奪的薩賓人〉

　　在義大利佛羅倫斯市政廳前廣場上，可以欣賞到許多古典或現代雕像，其中有一件雕塑作品，呈現扭曲動態的人體雕像，一名身軀健壯的男性，抱著掙扎的的女性，雙手向上向外伸展，看得出是被外力所束縛而極力扭動，另位一名年紀較大的男人則跪坐在地上，被健壯的男性所壓制。三個人各有動態，且臉部方向不同，但觀者卻能順著雕像由下往上，或反方向去找答案，可以説是雕刻家對結構設計的巧妙安排。

　　〈被掠奪的薩賓人〉是描寫希臘神話中的英雄「普修斯」，他在除去蛇怪梅杜莎返回的途中，在艾地奧比亞海岸，救起一位「安德羅美達」公主，她因為皇后母親自認為美貌勝過於他人，引起海神「普西頓」的不滿，遂將她女兒綁在岸邊，欲獻給

海怪。

普修斯救回安德羅美達，國王允諾兩人成親，但是在婚禮進行中，國王的弟弟「比紐斯」帶領士兵衝進宴會場，想將昔日的戀人安德羅美達搶回，雕像中的健壯男性即是比紐斯。

雕刻〈被掠奪的薩賓人〉的波隆納（Giovanni da Bologna,1529-1608），曾到義大利羅馬及佛羅倫斯研習古典雕刻，也曾為梅迪奇家族工作，從這件作品中可以看出，波隆納試圖將雕像由傳統正面觀看的角度，拓展為360度全方位皆可觀看，同時無損於整體的感覺，波隆納將雕像做了觀點上的創新。

▌波隆納的雕塑〈被掠奪的薩賓人〉

▌對話——愛人的搶奪

魯凱族的傳統搶婚，在原始社會中被歸為「掠奪婚」，除了是古代留存下來的婚姻習俗外，掠奪婚尚有新郎勇氣的考驗、新娘貞潔的象徵及家人的不捨等意義，掌握了當中的內涵，再來看「搶婚」，似乎頗符合雙方的需求。

在西方藝術中也有「搶婚」的作品，「被掠奪的薩賓人」正是從神話故事跳出來一段搶婚的過程，將心愛的人奪走，一種橫刀奪愛的場面刻畫，讓人看了很驚駭。

公主的生活

魯凱族的巴冷公主

巴冷公主與蛇郎君是屏東西魯凱族人口中流傳淒美動人的愛情故事，相傳霧台阿禮部落頭目的女兒巴冷，在鬼湖旁遇見了湖神——亞拉利歐，雙方一見鍾情，相互來往了一段時間後，亞拉利歐決定到頭目家提親，當晚夜宿頭目家中，巴冷特別請家人不要在日出前打擾亞拉利歐，頭目心中納悶不已，趁著天未亮前起床，劃了根火柴觀看，赫然發現家中石板床上躺著一條巨蛇，原來亞拉利歐是百步蛇的化身。

女兒遂向頭目解釋，了解百步蛇就是他們敬仰的湖神後，沒有反對他們的交往，最後亞拉利歐派屬下百步蛇帶來的高貴的聘禮，包括陶甕、檳榔及琉璃珠等，迎娶巴冷公主回到鬼湖。

巴冷十分不捨父母親與部落，離開之前特別告訴他們，「當她消失在湖心的漩渦裡時，她已經抵達湖底，但是她的心會永遠掛念著部落族人」，之後有獵人經過鬼湖聖地時，發現湖畔放著傳統食物，好像等候他們已久的樣子，這即是巴冷公主特別為族人所準備的食物。

巴冷公主的創作

巴冷公主的故事深為魯凱族人所稱頌，以巴冷為題材的創作在近代廣為流傳，就如設計為線上遊戲這類時下的電玩都不缺乏。

霧台村的雕刻家杜再福（Kalava,1954-）曾將巴冷愛情故事予以具象化，用水泥、陶土、繪畫等不同材料塑造出巴冷公主像，巴冷雙手拿著手巾掩面哭泣，非常捨不得家人與部落族人，一旁巨蛇纏繞著她的身體，好像在安慰她，也象徵著兩人堅定的愛情。

杜再福是魯凱族著名木雕家杜巴男的次子，他遺傳著父親的藝術天份，曾經擔任卡車司機，回到部落後，一面打零工一面積極從事創作，

杜再福〈巴冷公主〉

▋杜再福〈巴冷公主〉（上二圖）

　　他親手打造現代化石板屋，將之設計為民宿，屋裡屋外則擺放著他的精心作品，包括射日故事雕像，蝴蝶裝置藝術及各式各樣的生活藝術品，無論金屬、木頭、鐵片，在他的巧思下，都化為精美的工藝品或藝術作品，相當有藝術氣息。

　　排灣族木雕家吳信一（1958-）雕刻下的巴冷公主則是另一番面貌，手握芋頭葉的裸身少女，被百步蛇纏繞著，道出了當中一段纏綿悱惻的愛情故事，巴冷淒美的愛情與堅貞的心意，永遠流傳在族人的心底。

▋吳信一〈巴冷公主〉（右頁圖）

▋ 維拉斯貴茲的〈公主與待女〉

　　在西方宮庭裡，早期流行著每隔數年，便請宮庭畫家為王公貴族成員繪像，一方面留下紀錄，一方面也提供給王室外地的姻親家族了解生活狀況，在17世紀西班牙王室，國王菲利普四世的五歲小公主瑪格麗特就留下一個十分著名的例子。

　　瑪格麗特公主從小就以「政治聯姻」方式，許配給表哥──奧地利哈布斯王朝的雷奧彼德一世（leopold I），西班牙王室請畫家維拉斯貴茲（Velazquez,1599-1660)為瑪格麗特小公主繪製肖像，送到維也納去給哈布斯王朝，讓訂親的王室姻親能夠掌握未來媳婦成長的情形。

　　維拉斯貴茲在此情況下，先後畫了數幅與瑪格麗特公主有關的作品，以維也納藝術史博物館收藏的畫作來看，1656年瑪格麗特小公主五歲時，畫了一張穿著銀白色絲綢緞面、頗有質感的華麗蓬裙，肖像背後酒紅色的布幔，襯托出小公主的高貴感。

　　公主八歲時，維拉斯貴茲再度為她畫了一張肖像，長大一些的瑪格麗特公主穿著藍色蓬裙，依然流露出高貴可愛的模樣。到了十四歲時，再由另一位畫家胡安‧巴提斯塔（Juan Bautiesta）為她畫肖像，這時候小公主已長得亭亭玉立了。

　　除了肖像畫外，維拉斯貴茲為小公主瑪格麗特畫下的〈公主與待女〉，更是忠實記錄她的日常生活情形，從畫面上可以看出一頭金髮、身穿大蓬裙，襯托出一身貴氣與華麗的皇家公主，在兩名年齡相仿的待

女陪伴下一起遊戲，她的身邊還有男女侏儒「尼古拉西托」、「馬里」玩伴，和臥著的一隻大狗，國王與貴族則在一旁觀看。

特別的是畫面左方，一位手握畫筆及調色盤的畫家抬眼觀察，面對一張巨大的畫布，似乎正在進行繪畫工作般，無疑地這是畫家本人的自畫像，當時維拉斯貴茲身為宮廷畫家，為國王家人畫像，留下成長紀念，維拉斯貴茲除了描繪公主的肖像外，也紀錄她的生活，顯然是毫無隱瞞的。

至於瑪格麗特公主，在十一歲時出嫁，但因體弱多病，二十二歲時不幸病故，不過維拉斯貴茲留下幾幅公主的畫像，包括這幅〈公主與待女〉卻讓人無比懷念。西班牙人對維拉斯貴茲這位畫家十分的敬愛，著名的普拉多美術館前豎立著一座維拉斯貴茲手握調色盤、畫筆的雕像，他的畫作也曾以郵票發行，〈公主與待女〉就是郵票上耀眼的一幅。

▋ 委拉斯貴茲所繪的〈公主與待女〉

▋ 委拉斯貴茲所繪的五歲時的〈瑪格麗特公主〉（左頁上圖）

▋ 委拉斯貴茲所繪的八歲時的〈瑪格麗特公主〉（左頁下圖）

▋ 對話──公主生活的轉化

魯凱族人喜歡談巴冷公主與蛇郎君淒美的愛情故事，它就像是與族人共同成長的經驗，美學上強調身體經驗的美感，容易轉化成為表演或藝術創作，以巴冷公主為創作題材的舞台劇、藝術作品很多，幾乎成為民族藝術創作的代表。

維拉斯貴茲的〈公主與待女〉則是以藝術創作，為公主生活經驗留下真實紀錄，兩者間的轉化頗耐人尋味。

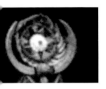

頭目和皇帝的加冕

土坂頭目登基

　　2003年10月19日，土坂巴加里努克（Patjalinuke）部落在相隔六十八年後，再度由女頭目Kaliekie（包秀美）正式登基繼承，成為第十二代頭目。巴加里努克部落頭目曾經在清領時期領導東排灣族人反抗卑南族人入侵，因而勢力範圍達到大谷、古樓、森永、土坂、東高、加津林、富山、霧台及新源等現今屏東、台東縣九個部落，被視為東排灣族的大頭目。

　　大約於五、六百年前，居住於大武山加拉卡巫斯的排灣族人，在頭目卡拉飛依令帶領下，經舊佳興往南遷徙，繞過恒春半島，沿海岸線北上，到了大竹溪山海口，見河水清澈，盛產日本禿頭鯊及毛蟹，乃溯溪而上到「查比亞蘭」的地方，帶路的靈犬伏地不走，同時插地的手杖也深入土中無法拔起，頭目認為這是神所賜的新住地，便立石柱、蓋家

▌土坂頭目登基

屋，建立大竹溪畔第一個部落，也是東排灣族群的大頭目——Kachareban（卡加日板）。

三百年前，卡加日板後代布拉路優央與當地的答鹿答鹿旦日部落頭目秋姑通婚，到第十代的頭目古樂樂婚後遷往布卡里散，成立了巴加里努克部落，也是巴加里努克部落的最強盛時期。

1939年第十一代頭目Tauwan（包春琴）以十八歲繼任，她同時到屏東古樓帶領拉旦家族遷往土坂定居，2001年初過世，由於部落中相繼有人懷孕，被視為不潔，因而包秀美的登基延至2003年。

排灣族頭目登基冊封「家臣」儀式十分隆重，族人事前必須準備小米酒及狩獵，新頭目要到祖靈屋去祭告祖靈，並祈求賜予領導部落的智慧與勇氣。登基當天清早，包秀美頭目先行冊封basalatjan（頭目專屬巫師）、gezi geziben（秘書）、balabalai（祭司）、balisilisi（男覡）、bulignu（女巫師）等。然後包秀美頭目由家臣為她分別戴上肩帶、項鍊、琉璃珠、帽冠等象徵頭目的傳家飾物，再分別接受專屬巫師等的祝

福，土坂部落的婦女及小朋友則以歌舞祝賀。

　　接著「分贈信物」是頭目登基時的重要儀式，包秀美頭目將陶甕一一分給各部落出席貴賓，過去這項榮耀是大頭目將陶甕分封給支系的小頭目，陶甕是一個重要信物，支系頭目也因而確立彼此之間的關係，土坂部落影響力曾經達到九個鄰近部落，各部落或家族依慣例會派人參與。

　　不過隨著時代變遷，各部落自主性提高，彼此早已失去從屬關係，倒是因通婚或親屬關係仍然存在，因此這項被視為有重要象徵意義的vunalis儀式已經改為分享，土坂部落每年的收穫節，頭目家族都會特地準備一份小米糕、豬肉、小米酒等給這些親屬部落。頭目登基也將分封陶甕，改為分贈，將階級意識減到最低。

土坂頭目登基—喝連杯酒

▎南和部落頭目登基歡慶圖

　　1959年屏東縣來義鄉南和村，由高見村與白鷺村共計五個排灣族家族合併而成，再遷至現地，數十年經營之下，已見規模並賦有文化特色的村落。

　　南和村最著名的地標，一是五個排灣家族共同組成的「白鷺社祭場」，分別設置祭台，供奉五個祖靈，各家族的祭台各有象徵物，包括奠基石板、旗幟、弓箭器物與板雕等，多半繪製了傳統人物或太陽紋、人頭紋、蛇紋等圖紋裝飾，板雕則是每個部落共同設置。

　　其中一座〈頭目登基歡慶圖〉最為特殊，穿著傳統服飾的男女族人一字排開，微微舞動著身體，中央位置端坐著頭目，嘴裡叼著煙斗，身

前放著象徵頭目的陶甕及
連杯，頭上則是大太陽，
它射出的光線直披在族
人身上，代表頭目是太
陽的化身，族人們以歌
舞歡樂為頭目祝福。

白鷺部落頭目
登基圖

　　另外一個文化地標則是南和村最大家族（Jamajaman）的大頭目曾華
德立委的家屋，這棟由現代建材結合傳統石板建築起來的家屋，外觀的
板雕相當精緻，大門雕刻了頭目家族，一對夫妻和一個小孩，手握刀槍
的男主人和扶著小孩的女主人，各據一扇門板，同時呈現威嚴與溫婉的
氣質。

　　整棟石板屋的雕工細緻，由排灣族雕刻家塗南峰主持，內部木雕裝
飾格局宏大，木雕精美，搭配各式陶甕、豹皮等衣飾，處處顯示頭目的
大器，石板屋也能做到豪華氣派。

▋ 大衛的〈拿破崙加冕圖〉

　　1999年有機會親眼在羅浮宮見到拿破崙加冕圖原作，當我站在約10公尺
長的畫作前，看到冠蓋雲集的場面及每一個栩栩如生的人物，才驚覺到自己
的渺小，據說拿破崙看了這張畫相當滿意，還向大衛連聲表達「很好」。

　　拿破崙當年是擁護共和與民主的革命家，他的形象曾經讓許多藝術
家為之欣賞與歌頌，但是1804年12月20日
拿破崙登基為法蘭西共和國皇帝，卻也讓藝
術家們夢幻破滅，以音樂創作為例，作曲家
貝多芬就對拿破崙無視人民流血流汗換來的
民主，而沉溺於個人權利，一怒之下將原欲
獻給他的「第3交響樂曲」，改名為「英雄
交響曲：為紀念一位偉人而作」，因為貝多
芬心裡所敬仰的拿破崙已經死去。

　　在畫作上觀察拿破崙形象轉變，大概

排灣族兒童所繪的加冠

▌大衛〈拿破崙
加冕圖〉

是其御用畫家大衛（Jacques Louis David,1748-1825）的作品最直接而明
顯了，一幅〈橫越阿爾卑斯山聖伯納隘口〉作品，拿破崙軍裝騎馬的造
形，雄心壯志的英姿，相當讓人震撼。接著〈拿破崙加冕圖〉更將他的
功蹟與輝煌人生推上登峰造極。

　　但仔細觀看這張巨作的描繪，原由庇護七世教皇主持加冕典禮，趾
高氣昂的拿破崙嘗到權力的滋味，卻自己將皇冠戴在頭上，同時為皇后
約瑟芬加冕，這場一百多人觀禮的隆重場合，身為宮廷畫家的大衛，幾
乎將每一個人畫得栩栩如生，活像在眼前一樣，就連未在現場的拿破崙
母親也畫進高高在上的二樓。

　　從大衛留下來的草圖來看，他曾經畫著拿破崙自己戴上皇冠的構
圖，但最後接受友人建議，改採背著教皇直接為約瑟芬加冕，好像藉肢
體語言，為我們傳達出當中的某些訊息？大衛也在離開宮庭，流亡布魯
塞爾十三年後，又完成另一幅一模一樣的畫作，放置於凡爾賽宮，同時
改名為〈約瑟芬加冕圖〉。

　　要讓畫家複製同樣的作品，在技術上沒什麼困難，問題是多半的藝

術家認為重覆可能會喪失了創作的意義，大衛為什麼會如此做讓人疑惑，也使得這張巨作，在讚嘆之餘留下了令人回味的話題。

「啊，那是一種葡萄酒上的標誌呀！」當時念小學的女兒一眼認出拿破崙騎駿馬的圖像，並且廣泛地將這個圖像用於多樣式商品上，前後對照起來，能夠了解到拿破崙在法國人民心目中的地位，「英雄式」的事蹟傳遍中外，使我感受到藝術品的功能其實可以無限伸展，難怪法國人靠著文化輸出就能建立起大國的形象。

而當年拿破崙穿越阿爾卑斯山聖伯納隘口時，事實上騎乘的僅是一匹驢子而已，真實與創作差別僅存於一線之隔，卻無損於在我們心中的印象。

對話──拿破崙與排灣頭目的相遇

我常懷疑拿破崙如果沒有大衛的歌功頌德，藉著傑出的畫作將事蹟留傳下來，後人還能如此崇拜拿破崙嗎？反觀中國歷代的帝王，如版圖疆域橫越歐亞的成吉思汗，功勳應不比拿破崙來得差，難道只是少了藝術品的襯托，就無法顯示其輝煌的成就麼？

有一回，在滿是排灣族人的會場裡，我首次將這兩場「加冕」放在一起講，我提到，不是大國才有文化，我們排灣族頭目的加冕典禮與拿破崙的加冕一樣隆重，加冕行為的背後意涵是相似的，南和部落的〈頭目登基歡慶圖〉板雕即是證明，雖然是小族群，一樣有文化涵養。

「我們缺少的只是一張排灣族頭目加冕圖。」我在結論中這麼說，如果有一張等同於拿破崙加冕圖份量的傑作，外界對原住民的印象是不是就要改觀？同時也比較容易認識或尊重排灣族的文化，這正是藝術品背後重要的價值。

會後，一名女老師主動走過來對我說「我第一次聽到人家用這種方式講原住民文化，沒想到排灣族也有這麼豐富的條件，謝謝你的努力」。

活水泉源

▋ 卑南族的「潑水節」

　　逢久旱不雨的天災，卑南族知本部落曾經舉行停辦四十多年的「潑水祈雨祭」傳統，並且以遊行街頭和當地住民、族群相互潑水淨身，整個小鎮也瘋狂，族人說淋得越濕，來年運勢更好。

　　1999年夏天高溫，台東縣幾乎籠罩在一片酷熱難耐的氣候中，雖然農作物尚不至於枯死，但是也受到乾旱未雨影響，收成銳減，知本部落老一輩族人乃提議舉行往昔常用的「祈雨」儀式，來解救果樹瀕於乾枯。

▋卑南族的「潑水節」（左右頁圖）

這項活動，啟發了一向重視卑南族文化的知本天主堂曾建次神父之靈感，他嘗試循著傳統結合現代方式，推出了「潑水祈雨祭」活動，曾建次說，卑南族在遠古時代每年的初期播種小米後，如果長時間不下雨，農作物必然不容易生長，因此部落就會舉行祈雨儀式，向蒼天、祖先呼求降雨來滋潤大地。

　　卑南八社中，現僅有知本、初鹿兩部落仍保有該項古老祈雨儀式，知本部落稱為「巴巫拉」，初鹿部落則稱「給巫拉」，老一輩族人說知本的說法具有「命令式」，初鹿的則較屬於「祈求式」。

　　活動首先在知本「巴拉冠」會所聚集，部落老少族人共同參加，在女巫祝禱後，便由肩上背著竹製水筒、手握響板的婦女團負責帶隊，邊走邊敲擊手上的響板，發出清脆的聲響，隊伍開拔到位於三和的「巴拉巴拉樣」即被視為卑南族祖先發源地前進行祭祀。

祈雨隊伍隨後以車輛載運到知本鎮樂千歲橋附近水源地，祝禱上蒼賜給甘霖，全體族人再以慢跑方式沿著知本主要街道知本路三段開始灑水，女巫敲擊響板，並且邊跑邊歌唱、舞蹈，沿途還拋灑竹筒內的水。

這時候族人事前準備好的「水車」──以小卡車載貨架上改置水櫃裝滿了大量清水適時加入，對著街上的住家或過往車輛潑灑，有的居民也準備了水缸或是水管噴灑，相互較勁，大家潑來潑去，剎時間，馬路上盡是滿天飛舞的水花，尖叫笑鬧聲四起，完全無視於交通繁忙的街道，也忘了今夕何年，年齡老少差距好像早已不存在，大家融和在一場混仗中。

當隊伍轉進天主堂後，小朋友們已經在當地恭候多時，大家尚未來得及開口，水花已經搶先蜂擁而上，一時之間水桶、水柱、水球等紛紛出籠，小朋友們個個淋得全身濕漉漉地，玩得意猶未盡，難得在炎炎夏日這一個輕鬆玩水的日子。

這麼一路潑灑歡呼，知本小鎮出現了難得的瘋狂，就算是平日嚴肅的警察，潑水隊伍依然沒有放過，跑進派出所內潑水，讓員警們嚇了一跳，也拉近了彼此的距離。

下午潑水祈雨隊伍則到知本海邊去祭祀，穿梭街道再度以相互潑水來祈雨，曾建次指出，參與者如被潑灑而全身淋濕，表示對上蒼的祈求虔誠，並象徵一年好運勢的到來。

▌林益千作品
〈提水的母子〉

▌哈古作品
〈倒水的母親〉
（右頁圖）

▌ Eki（林益千）的〈提水的母子〉

過去部落的生活中，提水是原住民婦女的一項重要工作，從現存日治時期的照片，可以窺知婦女頭目頂著陶壺，出門提水的畫面，卑南族也有以竹筒取水的習慣，足見提水是民生必需的事項。

哈古的作品中，就有一件〈倒水的母親〉，刻畫著一位母親背著孩子，辛勤地倒水的情形，令人印象深刻。

阿美族木雕家Eki的一件木雕作品〈提水的母子〉，則是描繪右肩上扛著一具水壺，左手牽著孩子，孩子抬著頭似乎渴望母親的擁抱，但是母親在工作，無暇去多加照顧，孩子只得依偎在身旁。

〈提水的母子〉刻畫著一位體型豐碩的女性，光著頭、張大眼，裸著身子望向遠方，有別以Eki其他雕刻的原住民形象，也可能是他對異民族接觸的印象。唯獨取水的辛勞充分反映在作品上，哈古〈倒水的母親〉，對照起安格爾的作品〈泉〉，一樣是倒水姿勢，但後者姿態優美地倒著水，比較之下，有著勞動與品味人生的差距和趣味性。

安格爾的〈泉〉

安格爾（Jean-Auguste-Dominique Ingres,1780-1867）是大衛的得意門生，他十六歲時進入大衛工作室學畫，習得一身古典繪畫技巧，曾領羅馬大獎到義大利學習十八年，在羅馬期間即作〈泉〉，這幅作品從安格

爾的創作高峰期，一直到技巧圓熟，延續修改了三十年才完成，算得上是爐火純青之作。

　　畫中美麗的女人站在水邊，宛如是水雕琢出來的女神，晶瑩剔透的肌膚，又像是玉琢的瓷器，恬靜得如清泉般聖潔，左肩上扛著倒裝的陶甕，裡面的水也正汩汩地流出，整個畫面凝固在最美的時刻，就像是鏡頭停格一樣，千百年來受到各界喜愛。

　　事實上畫面人物的動態是畫家刻意塑造的姿勢，顯示出對人體美感的觀點，安格爾擅長畫女人，18世紀法國流行土耳其風，〈土耳其浴〉一作已將女體發揮得淋漓盡致，各種姿態、表情的婦女聚集在一起，未顯出畫面的凌亂，反而洋溢著異國情調，同時也反映出畫家寫實功力的高超。

　　〈土耳其浴〉畫作是畫家八十三歲時以想像創作，可以說集畫家一生的精華，但作品曾被公爵夫人以太赤裸裸而拒絕收藏，後改為圓形畫面，並賣給土耳其大使，20世紀初羅浮宮提出購買，理事會也以過於色情否決，第二次討論後才成功接納該件作品。

▌對話──季節與水

自然界季節的變化，影響人類生活步調，例如冬天、夏天的氣候，晝夜長短，強烈地改變了人們的生計作息方式，這種自然節奏主導了社會功能，也形成不同區域的文化概念；透過民族文化，我們更容易認識其中差異，體認出不同的社會生活。

水是生命源頭，對人類而言相當重要，過去原住民在天旱缺水時刻，巫師帶領部落族人進行各種祈雨的儀式，東魯凱族有一種祈雨儀式，族人一早到山上採一種特別的花，然後飛奔回部落，途中不可以被烏雲追上，否則就會不下雨。部落時期的信仰，當面臨無可抗力的情況，往往藉助巫術或儀式，以解厄並求取心安。

安格爾的〈泉〉中描繪的女性像是水做的，台語「水」是美的意思，兩者之間好比早就用「水」溝通過一般。

新舊的階級

都蘭部落年齡階級與豐年祭

都蘭部落豐年祭第一天以阿美族歌謠儀式開場，第二天展開成年禮及傳統體能訓練：樂舞、跑步、游泳、潛水等。第三天整理祭典會場、佈置，族人送豬肉至聚會所向長輩敬老。第四天開幕，相關表演活動及歌舞競技。第五天，青壯年組主動準備魚蝦貝類給長老，做為早餐，同時依不同年齡階級進行歌舞表演。第六天部落海祭儀式及相關捕魚技能訓練後結束。

都蘭是東海岸南端的阿美族大社區，阿美族人約有四百戶，保存了許多傳統祭儀與文化，其中「基路馬安」（豐年祭）祭儀進行較為完整，尤其注重年齡組織的文化內涵，阿美族的年齡組織稱為「卡布特」，都蘭部落最高階層的長老稱為「都阿斯」，負責議決部落大事及年齡組織命名，壯年組「米係寧愛」則執行豐年祭等族中大事，青年組「麻里庫戴」或「卡巴」，在豐年祭中專事漁獲敬老，

▌馬英九加入「總統隊」年齡階層（左右頁圖）

最年輕的預備組為「巴卡隆愛」，擔任跑腿工作。

通常男孩從十二、三歲就進入「斯非」——會所見習，年輕的「巴卡隆愛」男孩必須服從長輩並接受各種鍛鍊，每五年才構成一個青年組「卡巴」，期間必須通過長跑及打屁股考驗的成年禮儀式，才能正式入級，由部落長老階層進行命名，至於年齡組織升級及頭目選舉和幹部改選，一般都以五年為主。

都蘭部落的年齡組織可追溯到二百五十年前創始的第一組「拉都都」，意為年輕人上山焚燒狩獵，各階層名稱通常以當年發生的大事或人物為主，例如2000年的最新年齡組織「拉西恩希」，意即紀念千禧年。

▋阿美族的「總統隊」階級

2007年7月投入總統參選的馬英九，參加了台東市「馬卡吧嗨」藝文活動，大會特別安排他加入馬蘭阿美的「總統隊」年齡階層，馬英九

説，在現階段很吻合，特別有意義。

馬英九進入會場受到「依都卡賴」階層、「總統隊」年齡階層族人列隊歡迎，長老們則特別為他「加冠」，首先佩戴禮刀與「阿魯夫」飾物佩件，隨後戴上馬蘭阿美的帽冠，長老並賜予一杯酒，慶祝他加入阿美族的年齡階級，成為馬蘭阿美的一員，馬英九也回敬長老一杯酒，並向長老們一一握手致謝。

年齡階級是阿美族男子社會組織的精神，「總統隊」則是馬蘭阿美族男子於1971年晉入年齡階級時的隊名，當年的「巴卡隆愛」青少年（1949-1952年出生）在晉升年齡層時，正好是蔣中正首次視察台東綠島，阿美族人習慣將重大事件直接命名為該年齡階層的隊名，沒料到在過了數十年後，正巧於總統選舉時刻派上用場，只是脫離了社會組織，該項年齡階級象徵意義重於其他。

▌魯凱族身份階級的提升

排灣、魯凱族有明顯的貴族和平民階級制度，雖然是社會結構的主要制度，但是一般族人還是會利用各種方式來提升自己的地位，比較明顯的三種方法為：（1）戴花結盟、（2）透過婚姻關係、（3）功勳獎賞。

魯凱族人Laubi説，社會變遷時代潮流改變，頭目已經難以掌控部落裡的嫁娶，誰跟誰結婚，不論是貴族與貴族或是貴族與平民，現代開放的社會各自有其選擇，只是在族人心裡，仍然沿習著希望提升家族地位的想法。

Laubi提到，父親Ranba是魯凱族平民與母親Ruwan結婚，母親的貴族系統即降為平民，對母親而言，她一輩子就處於文化的壓抑當中，而他的婚姻也重覆了上一代，妻子是屏東三地門的排灣族頭目家族，所生下的女兒，母親在命名時，就特地採用妻子家頭目命名，回覆到貴族系統。

Laubi説，由於妻家的輩份較高，因此他們比較傾向用妻家的名字，以便將來族人相互談起，就可以明白出身何處。他説，排灣與魯凱族平

民取名字，都透過類似這種「攀親」方式，以提高自己家庭的地位。

▌排灣族雕刻家Aikinu （莊太吉）的族群互重

Aikinu（1949-）生長於屏東來義，從小就喜愛玩雕刻，成家後到都會區擔任模板工，養活四個孩子。1995年返回部落開始從事專業雕刻，並且指導年輕學子學習木雕。2007年獲得了台灣工藝研究所頒給「工藝之家」的認證。

Aikinu的作品大都是取材生活經驗，大自然的事物一直是喜歡表現的題材，內心的發抒或者是感觸隨心所欲，無所拘束地進行創作。〈族群互重〉作品，分別以石雕及木雕分兩層次雕刻，上層是女性頭像，下層則是男性頭像，各自展現了木石雕材質的特色，也很有族群、男女階級差異的意象。

Aikinu說，族群互重是以各民族共享共榮為目標，他特別在石雕的周圍擺上數顆卵石，代表不同族群之意，他希望各民族在平等基礎上，好好為各自的文化發揚而努力。

▌莊太吉雕刻作品〈族群互重〉

▌ 杜米埃油畫作品〈三等車廂〉 1862 67×93cm

▌ 杜米埃〈三等車廂〉

　　19世紀中就已經有政治漫畫了，三等車廂完成於1862年，在眾多杜
米埃（Honore Daumier,1808-1879）作品中，是我很喜歡的一幅油畫，描
繪坐在普通車廂內的乘客，兩名婦女及兩名小孩佔據了絕大部分空間，
左手邊的婦女抱著酣睡的嬰兒，中間的老婦手提著籃子放置在雙腿上，
旁邊則是打著瞌睡的小男孩，彼此身子依偎著很像一家人，或許是婆媳
一同外出，也或許是普通車廂太擁擠了，因而關係很靠近，因為從畫的
背景來看，後座擠滿了人，有戴著紳士高帽，也有一般平民草帽和婦女
的頭巾等，顯示來自各階層的人，他們一同擠在擁擠的空間裡，好像有

著共同的命運，間接地吐露著勞動階層的心聲和女性辛苦的面向。

　　杜米埃是法國人，他的繪畫技巧多半靠著自學成功，荷蘭畫家林布蘭特重視素描的明暗面處理，對他影響頗大，他替雜誌繪製插圖，以敏銳的社會觀察力和堅實的素描能力，作了三千餘張的石版畫及一千餘幅的木刻及素描、油畫作品。

　　杜米埃的人物畫作來自民眾日常生活題材、都市裡的眾生相，有路人、各行各業人等，反映了當時社會現象，政治漫畫則點出了當時政治環境與政治人物的各種嘴臉，像一面照妖鏡般，讓各種醜陋的官場病態無所遁形，這類具有濃厚諷刺性的畫風，形成了他獨特的風格，在19世紀中其諷刺漫畫插圖風靡歐洲，不但開創了藝術新領域，也因此可能是現代政治漫畫的鼻祖。

　　不過因為他的繪畫素養頗高，漫畫不致淪為純粹插畫性質，反而有如欣賞一幅美妙的圖畫般愉悅。

對話——階級制度與創作

年齡階級的運作在阿美族部落社會是相當重要的一項制度，階級成員共同生活、訓練，抵禦外侮、榮辱與共，階級隊名也跟隨個人一輩子，同袍友誼深厚，有時候這種革命情感還勝於親屬，因而人類學家對年齡組織階級對社會功能的影響十分有興趣。

在西洋藝術史中，描寫階級深刻入微的是杜米埃的〈三等車廂〉，這件經典的畫作，一個車廂內道出階級劃分的諸多社會問題，對照於已褪色的排灣族傳統階級社會結構，從中或許可以得到一些省思。

戰爭與和平

▌特富野的信仰——mayasivi（瑪雅士比）戰祭

鄒族人稱神靈為「hitsu」，傳統泛靈信仰對於天地山川、狩獵農作或生活庇佑等皆有專屬，族人對神靈保有肅穆、崇敬的心理，也反映在信仰行為上，例如流傳下來的「mayasivi」（戰祭）即是對iafafeoi（天神）重要的祭儀。

2007年2月15日，特富野部落的鄒族人在kuba（男子會所）為即將舉行的mayasivi（戰祭）做最後的準備工作，男子們換上傳統紅色外衣、皮綁腿為特色的服飾，帽飾則插上剛採下的木檞蘭草，十時peongsi（頭目）率領眾族人將會所內聖火引自祭場中央火塘，然後走到神樹（雀榕）前，迎接iafafeoi（天神）的降臨。

族人將佩刀或長矛刺向神樹前的豬隻，並在大家高呼「hu、hu」後，再以沾滿豬血的刀矛在樹葉上擦拭，來祭祀天神，此時兩名年輕人爬上神樹，開始修剪樹枝，在長老指示下，留下三枝分別指向集會所、頭目家及玉山發源地方向，族人表示，天神是順著修剪後的神樹走進部落來的。

接著，全體手牽手吟唱ehoi（迎神曲），圍成圈的隊伍以前後擺動的舞步，結合合聲，歡迎天神降臨到祭場，由於合聲優美順暢，很快獲得天神認可，頭目宣佈回到會所，並將豬隻煮食。

儀式接著由各氏族派人從部落裡，攜帶事先準備好的小米酒、獸肉及糯米糕等帶到會所，當年輕人依序邊跑邊呼喊送達時，長老們則在門口以木棍敲擊地板，用意是驅趕惡靈趁機進入。

　　族人們把各氏族釀造的小米酒混在大桶子裡，完成敬神儀式後，參與族人一起分享酒和獸肉，表示團結。頭目隨後宣佈進行初登會所儀式，主要是邀去年出生的男嬰進入會所與天神見面，接受天神祝福，婦女們將嬰兒抱到會所前，由舅父或家族男性出面抱著進入會所，此時族人會高聲作勢，如果嬰兒鎮靜未哭鬧，表示將來男嬰必成大器。

　　族中長老繼續在「誇功」儀式中，以部落歷史、遷移、爭戰等重要記事，告訴全場族人，要求大家認識部落歷史、維持傳統文化；另外成年禮儀式也在此舉行，過去鄒族男子成長具足夠能力狩獵、禦敵，經過長老認定有資格成年，便會於會所內進行。

　　kuba（男子會所）的所有儀式結束後，全體再到祭場中圍成圈唱eao（送神曲），歡送天神返回天界，到接近尾聲時，兩名女子從部落裡的祭屋持火把進入祭場，放入火塘內，表示神火與部落之火合而為一，天神與部落結合成一體，婦女們加入隊伍中共舞。

　　正典在此刻告一段落，婦女們跟著同歡，同時也歡迎參與的其他部落族人與大家一起展開歌舞聯歡，夜晚更是通宵達旦，族人們利用歌舞祭時間教導年輕族人歌舞傳承，一般民眾也可加入學習同歡，過去可持續兩三天，今年則在隔天結束。

▌原住民的「戰神」創作

參與mayasivi（戰祭）的鄒族勇士，英武的形象讓人印象深刻，事實上在部落裡被尊為勇士的族人，都是身經百戰的英雄人物。

王信一（E-Dai,1954-）是台東縣池上鄉阿美族人，年輕時期在外闖盪，習得一身木雕功夫，五十歲以後，回歸故鄉開設工作室授徒，並以木雕創作維生。王信一的木雕作品〈勇士的驕傲〉，就是勇士英雄化的行為，穿著傳統服飾的勇士，手上拿著木杖，身上背著獵物，面露堅毅的眼神，正邁步歸來，底座上，木雕家特別雕刻了幾位婦女，每位皆高舉著雙臂圍繞著他，歌頌的象徵意義極為明顯。

獲得族人崇拜的勇士，應該是部落裡最傑出的人物，肯定他背的獵物從未間斷過，或者征戰時只要他上場，必定戰無不克，就如同戰神般的英勇。

▌畢卡索的〈格爾尼卡〉

畢卡索（Picasso,1881-1973）是20世紀最重要的藝術家之一，他的創造力與藝術家事蹟為人津津樂道，他所引起的藝術觀念、視野更是深深影響現代藝術的發展。

1937年西班牙內戰，佛朗哥崛起反政府，德國介入派遣法西斯份子炸毀古都格爾尼卡，造成千餘人死亡，近千人受傷，事件傳出，國際震驚，畢卡索乃決定創作該〈格爾尼卡〉畫作，

▌王信一〈勇士的驕傲〉

向世人宣達反戰的理念。

這幅369×776公分的大畫作，畫面以半具象方式呈現，可以看出掙扎、求救的人，驚恐的母親，悲鳴的戰馬和握著斷刀

畢卡所的舉世名作〈格爾尼卡〉1937 369×776cm

的戰士，猙獰的牛頭代表著殘暴，戰馬是受難與無助人民的象徵，抱著嬰兒的母親更引人同情。

畢卡索為了讓世人更了解戰爭的可怕，將〈格爾尼卡〉借給各國展出，據說二次大戰後，入侵巴黎的納粹警察前往參觀畢卡索的畫作，其中一人指著〈格爾尼卡〉問畢卡索「這是你的傑作嗎？」，畢說「這是你們的傑作。」足見畢卡索對戰爭的深惡痛絕。

二次大戰期間，〈格爾尼卡〉畫作暫放美國紐約現代美術館，畢卡索表示，西班牙未獲得真正的民主，〈格爾尼卡〉就不送回，一借四十年，直到1981年才歸返給西班牙政府。

■ 對話——力量的美感

鄒族人在戰祭裡，迎送天神、祈求庇佑族人，參與儀式的族人在心靈上獲得慰藉，部落社會繼續循規蹈矩運作，這是儀式在部落裡的功能，這種公開的活動，參加的人奉行一定的禮儀秩序，遵守社會共同制定的規範，讓部落穩定生存。

勇士是部落主要的戰力，木雕家選擇它做為崇敬力量的化身，畢卡索的〈格爾尼卡〉則將戰爭描繪成一場大災難，似乎是暴力的極致，用藝術品控訴戰爭的可怕，以作品提醒世人，記取教訓、和平共存，才是族群和諧之道。

兩者作品相較，又好比一個和平、一個是戰爭樣貌呈現。

國王的雕像

▍尋找卑南王的事蹟

卑南族南王部落第十八代頭目「卑那來」，治理該族政績卓越，並號令後山七十二社，民間流傳擁有「卑南王」的封號，曾晉見過清乾隆皇帝，後代還保存有清廷的賞功牌。

在南王部落的卑南族人口傳的印象中，「卑那來」是一位頭腦聰穎、反應敏捷的天生領導者，在其年輕時正值清政府實施「封山」政策，禁止漢人往來後山地區，他帶著後山狩獵的熊膽、鹿茸、鹿皮翻山越嶺到屏東水底寮地區，設置交易站，與漢人交換布匹或農作物種子，攜回故鄉種植。

他眼見漢人在山前開墾種稻，作為三餐主食，於是請了漢人攜帶米穀進入後山播種，改變了傳統原住民僅種植小米作物的觀念。同時也引進農具、家禽飼養等，改良卑南族農耕生產技術。

「卑那來」在西部做生意致富，娶了一名漢族女子「陳珠仔」回鄉，由於他的貢獻獲得族人愛戴，推舉他成為南王部落第十八代頭目。「卑那來」內修外治，勤練兵事，帶領族人擊退強鄰阿美族人，並將其趕至台東海邊一帶，自此卑南八社乃共同推舉為大頭目，號令南達屏東、北至花蓮等七十二社，各社也會在殺牛時進貢一條腿給頭目。

當時正值清代時期，民間流傳朝廷為了收歸後山一帶各社原住民，賜給卑那來「卑南王」封號，賞賜了帽靴、衣袍等物，卑那來的聲望達到頂端。

文獻中提到，乾隆五十二年（1787），福康安平定彰化各地林爽文事件後，傳卑那來赴台南府與「水社」各地「大土官」集合習禮，然後上京，乾隆皇帝召見各土官後相當高興，御賜了王袍、黃馬掛、花翎及御宴。

「卑南覓社」協助清廷緝捕林爽文事件涉案份子，乾隆皇帝召見頭目一節，從清代奏摺檔案中，頗有蛛絲馬跡可尋。南王、寶桑部落陳欽寶家族留下的清朝「爵閣部堂將軍」、「總督部院」賞功牌，清朝內閣各部尚書稱為「堂」，各省總督慣例兼署兵部尚書銜，稱部堂或督部堂，官員也有兵部尚書、總督等職務，階級品級必定比地方官更高，或可印證這段史實。

流傳在原住民部落間，與該段歷史相關的線索，尚有阿里山社總頭目阿巴哩於乾隆五十三年，赴北京接受封賞所帶回的兩件馬面裙，目前擁有的鄒族久美部落頭目後裔巫阿寶曾表示，昔日僅在鄒族戰祭時，頭目的女兒才會穿出來，結束後便收藏起來，平時不輕易示人，因此許多年輕一輩根本沒見過。

▌卑南王的雕像

2000年位於南王村的普悠瑪傳統文化中心園區內，繼少年集會所、「巴拉冠」集會所、文物史料館、角力競技場和祖靈屋傳統祭典區之後，為了感念卑南王

▌ 南王部落賞功牌（林志興提供）
▌ 卑南族寶桑部落賞功牌（林志興提供）

卑南王木雕
像開光儀式
（本頁圖）

的事蹟，族人特別委請該族木雕家「沙哇岸」為其雕像，並且以歡愉的心情進行啟用典禮。

卑南王的木雕像是穿著皮背心、戴皮帽，身上佩掛著皮背袋，手握木杖的站立人像，臉龐是卑南族慣有的安泰與沈穩。開光儀式上首先由部落祭司舉行祈福祝禱，隨後長老陳光榮講述傳奇的「卑南王」事蹟，七十歲以上的長老隨即為卑那來「開光點睛」，南王國小校長鄭玉妹則為其戴上花環。受到後世族人無比尊榮的卑南王木雕像，隨車巡視部落，並以熱烈的歌舞來慶祝，再安置於園區內供後人瞻仰。

▋奧古斯都像

奧古斯都是羅馬帝國第一位皇帝，從現存的藝術作品中可以發現他的雕像和肖像在當時幾乎是處處可見，將個人崇拜和國家意識結合在一起。

目前存放於義大利羅馬梵諦崗博物館的奧古斯都像，是西元前20-17年的作品，直立的雕像身穿盔甲、下半身披上長袍，左手持權杖、右手指著前方，臉上充滿豪氣干雲的自信，雕像本身的姿勢動態、身體比例有希臘雕刻的影子，但是五官的刻畫及個人化的凸顯，可以看出融合了希臘與羅馬的風格。

▋奧古斯都像

與希臘化藝術的知性及理想美相較，羅馬時期喜好的顯然是盛大宏

偉或者藉藝術品來彰顯功蹟，例如皇宮、凱旋門等建築等式樣，紀念碑與個人雕像也因應而生，實用性格勝過於欣賞，因此大量歌功頌德的戰果及英雄崇拜深入各階層，不但皇帝雕像在公共場所、廟宇殿堂、廣場無處不在，民間也興起裝飾豪宅跨富的風潮。

羅馬時期吸收了希臘藝術的人體比例結構等優點，開創了屬於實用風格，雖然沒有希臘式的柔美，但卻奠定了具紀念意義的陽剛風格。

▌對話──國王雕像的意義

人類學家史都華（Steward）的「文化生態學」理論提到，社會組織是受到環境限制的。當時的卑那來和部落發展，實際掌握了生態環境與文化兩大因素，涵蓋部落宗教信仰、社會組織、政治權力及農業技術和經濟，構成了一個「文化核心」，再向外輻射出去，影響東台灣區域，讓小部落屈服。

形成強大「王國」的威權，從羅馬時期迄今，習慣藉由統治者雕像四處設立，將國家意識與個人肖像綁在一起，以凝聚全民上下一心的團結現象，但在歷史的洪流裡，領導者的功過是必須經過考驗的，賢明的君王普遍受到愛戴，反之則淹沒於人民指責聲中，奧古斯都皇帝集霸權於一身，從雕像上可見叱吒風雲氣概。而僻遠的卑南族人永遠記著，曾經出現一位卑那來，至於歷史上是否真的有「卑南王」的封號、抑或刻畫的木雕像是否為其容貌，族人好像並不在意，重要的是曾經有一段偉大的事蹟留存在族人心中。

第三篇
生命力的追尋
體質與運動

部落社會人們靠著過人的膽識與體魄縱橫山林與海洋，為後代
子孫尋求一片樂土，雅美族人藉著拚板舟維持生計，荷馬畫中
的漁船，在大海上奮力掙扎，道盡了漁人生活的苦楚。

搏鬥競技由來已久，各地皆存在不同的型式，相撲活動從東方
繞到西方成為高更創作中的元素，再回到卑南族的土地，是不
是一件極有趣的事？

尤其引起我們興趣的是，文化藝術活動穿越了不同國度與族
群，仍然受到大家的共鳴與喜愛。

盾牌的力量

成年禮的考驗

2006年的第一天，卑南族初鹿部落利用年祭期間舉辦成年禮活動，晉升「萬沙浪」的青年人在全體族人面前展現體力、耐力考驗，並接受大家祝福，同時喝下了象徵成年的第一口酒。

部落族人家中有成長的年輕人向來受族人重視，成年禮前夕，親朋好友紛紛致贈飲料、米酒為他慶賀，各家戶的贈禮擺滿「巴拉冠」——

初鹿部落成年禮（左右頁圖）

集會所空地，宛若一堆堆小山，禮品的多寡也被視為家族人口的興旺與在部落的人氣指標。

成年禮舉行時，青年人站在自己的受禮品旁，由從孩童時期教導他的「教父」為他除下頭上的草環，改戴花環，並且當場換裝，幫他穿上青年服飾與綁腿褲，再送給他一把事先準備的佩刀，接著教父品嘗家中送來的糯米飯，並與年輕人一起飲米酒，宣告他今後成年並可與女孩子交往。

在場觀禮的部落祭師「拉罕」，與耆老們一一致詞祝福，包括父母、弟妹與親友們，則在主持人宣布開放攝影後一擁而上，與年輕人爭相一起合照留影，親友們見證這個難得的一刻，現場氣氛十分熱絡感人。

成年禮隨後特別安排了小silong舞（盾牌舞）表演，由幼稚園的小族人擔任，小朋友拿著特製的小木盾，又蹲又跳，在眾人面前表演前進

與後退舞步，稚氣未脫的動作搏得笑聲四起。

　　隨後，四位剛獲得晉級的「萬沙浪」輪流下場跳盾牌舞，考驗其體力與耐力，年輕人右手握木盾，隨著前進──蹲躍的姿勢，擺動木盾內設置的鐵響筒發出康噹的聲響，十分有威嚴的感覺。

　　雖然剛晉升的「萬沙浪」體力明顯無法與成年人匹敵，有的跳完猛甩酸痛的手臂、有的一時無法站穩……，但是在場族人齊力發出熱切的歡呼聲，鼓舞年輕人努力跳完成，做為成年當天最有意義的表現。

　　「萬沙浪」考驗結束後，由部落青年會帶領下跳舞，正式歡迎他們加入新的年齡階級，在歌舞持續中，同齡的女孩魚貫進入隊伍一起歌舞慶祝，過程遵循傳統與秩序。

▋ 雕出盾牌舞的魅力

　　盾牌舞是初鹿部落的精神象徵，透過成年禮儀式就可以清楚地看見，同時在各種表演場合上，盾牌舞也成為招牌特色的舞蹈。

▋ 沙哇岸與哈古
合作〈盾牌舞〉
木雕
（右頁上圖）

▋ 盾牌舞是初鹿
部落精神象徵
（下二圖）

初鹿部落集會所廣場前大門，直接了當地將持盾牌舞的族人雕像刻上，右手持盾牌，高舉左手的青年，臉上是剛毅的表情，好像述說著千百年來族中的傳統，就由他們加以維護和傳承下去。

左右兩側各雕一座盾牌舞雕像，當年雕刻施作時，由卑南族初鹿部落在地雕刻家Sawaan（初光復,1944- ）與Hagu（陳文生）兩人負責雕刻，兩位雕刻家把初鹿部落最具體的文化內涵化為板雕創作，留下了重要遺產。

Sawaan也曾雕刻一塊板雕，畫面是兩位族人，圍著火堆在跳盾牌舞，族人遵循著傳統、獨特的蹲跳舞步，從火堆圖案判斷，這應該是年祭時的舞蹈。

▌唐納太羅的〈聖喬治〉

　　中古時期的歐洲流傳「聖喬治屠惡龍」的傳說，一名叫聖喬治的羅馬軍人，在小亞細亞「吉雷那」地區，見到當地湖中一隻惡龍肆虐、危害鄉里，每天要吃掉居民所養的牛羊牲畜，甚至於胃口養大後，要直接吃人，國王束手無策，只得要求全國人民以抽籤方式應付。

　　這一天正巧公主中籤，必須送到惡龍處等待餵龍，聖喬治適時挺身而出，答應前往殺惡龍解救公主，英勇的聖喬治憑著武藝打敗了惡龍，並且以公主身上的腰帶綁著惡龍脖子，帶回去給國王處置，聖喬治打敗惡龍的事蹟立即傳遍全國，國王很高興賞給他大量財寶，聖喬治不為所動，反而告訴大家他是上帝派來殺惡龍的。

　　由於他的英勇，使眾多的民眾爭相受洗，加入信教行列。羅馬皇帝得知聖喬治廣受人民喜愛，以恩威並施方式要他放棄信仰，雖然一再以嚴刑拷打等殘酷手段，但聖喬治始終不屈服，最後被迫處死。

　　聖喬治的傳說一直是文學藝術創作題材，文藝復興早期的雕刻家唐納太羅（Donatello,1386-1466）所雕塑的〈聖喬治〉，就是相當傑出且具代表性的作品，209公分高的雕像，聖喬治兩腳分立，手握威武的盾牌，堅定的眼神投向遠方，流露出威風凜凜的正義之氣，像一名威武不屈的英雄。

　　文藝復興期另一位著名畫家拉斐爾（Raphael,1483-1506）和巴洛克時期的魯本斯（Rubens,1577-1640）都留下以該主題所繪製的畫作，尤其是魯本斯的〈聖喬治鬥惡龍〉更呈現氣勢磅礴的殺龍場面，身穿全副盔甲的聖喬治騎在駿馬上，揮舞著手中的利劍，準備

砍向已被刺殺的惡龍。

　　魯本斯高超的寫實能力，加上擴張的構圖和逼人的英勇氣氛，戲劇性的張力，讓人看得喘不過氣來，也不得不佩服魯本斯的功力。

▌對話——盾牌與永恒

成年禮在各地區民族普遍存在，只是不同民族強調自己文化特質，他們重新加以整合，套用成年禮的模式，以適應自己的民情環境，文化也藉由此不斷發展出多元與多樣性。

各民族使用的盾牌，從動物皮革到甲胄，有其歷史的演進，卑南族的盾牌舞則有它的特殊歷史發展，現在以盾牌舞來做為成年禮的考驗，與傳統有某種程度的契合，我曾將這段成年禮的影片播放給同學們看，表示原住民文化雖然在今日逐漸式微，但是它卻轉換為另一種形式傳承下來，可視為文化的變遷。

至於雕像上的聖喬治盾牌，則是充滿陽剛式的戰士形象，用藝術留下了一種永恒象徵。

▌卑南族盾牌舞
▌沙哇岸〈盾牌舞〉木雕
▌唐納太羅的雕刻作品〈聖喬治〉（左頁圖）

權力新貴的婚禮

█ 東排灣貴族的婚姻盟約

2002年3月9日，正興村舉行一場百年難得一見且熱鬧的原、法聯婚活動，來自法國青年Dan Touzet遵循東排灣族傳統習俗，迎娶介達部落美女Ean Lemon（許仙），在地方傳為佳話。

家鄉在法國南部普羅旺斯地區的Dan Touzet，因為到台灣工作認識了許仙，雙方論及婚嫁，新郎特別「入鄉隨俗」遵從傳統習俗迎娶，而由於東排灣族社會，傳統上劃分的貴族與平民階級關係，新娘許家是當地貴族家庭，與頭目地位相近，於是安排先與介達部落頭目高正治結拜兄弟，取得貴族資格，隨後才正式完婚。

為了讓婚禮順利舉行，兩項傳統儀式合併在一起，同時選定在介達部落展開，Dan Touzet 首先抵達許仙家，上香祭告祖先祈福，然後慎重地準備了聘禮，包括一頭豬、檳榔、花環及竹木，委請族人抬到部落廣場，立起四支長竹，再以小截木頭疊起「baugu」，竹子頂端綁上木刀槍，象徵維護女方家庭。特別的是Dan Touzet為了強調自己家鄉，綁上了一串風鈴。

太麻里溪流域的東排灣族，因為生存環境與木頭關係密切，傳統習俗中男子經常砍木頭回家，在生活上可以煮食或取暖，因此對樹木的用途十分了解，一旦男子對女孩有了愛意，就會每天砍一捆柴送女方家，證明他的能力。立木頭主要是表達娶女孩的決心，東排灣族在結婚習俗中，也會特別以木頭雕刻一對男女生殖器的木雕，標示結婚的意義。

至於baugu竹子頂端綁上木刀槍，也有的綁以鹿角，舊部落時期，女方家庭是貴族或頭目，更是曾綁上首級，以示重視程度，這也是東排灣族的婚姻儀式。

█ 兄弟結拜

在正式婚姻儀式之前，先在會場上舉辦gisanali（兄弟結拜）儀式，以前這種儀式很普遍，東排灣族人對於性別觀念區分，異性以婚姻關係為主，視同性友誼為一種支持，力量很大也相當重視，因此gisanali儀式很盛行。不過族中長老說，要與頭目進行gisanali儀式比較少，族人倒是對異族比較開放，平地漢族或外國人機會較大。

為gisanali儀式準備的器物是一對rerlerdan級的公母甕，一個以陶壺裝滿的小米酒和連杯，Dan Touzet則拿了一本法文童書擺在桌上，老頭目高玉蘭隨後以巫術祈福，進行「badala」，主要是排除外來的閒言閒語及惡神上身，讓兄弟友誼常存。

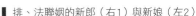
排、法聯姻的新郎（右1）與新娘（左2）

Dan Touzet與高正治手牽著手聆聽，再低下身子接受高玉蘭的咒語，表示今後擁有頭目弟弟身份，兄弟要相互扶持合作，然後互飲連杯以示同心，在場見証的比魯部落頭目宋賢一則與Dan Touzet的親友合飲。

▋ 婚禮

由陳參祥帶著介達國小的舞蹈團已在現場歌舞迎接，唱起了祈福歌

▍排、法聯姻

▍哈古創作的
　〈卑南族夫婦〉
　木雕（右頁圖）

謠，Dan Touzet的親友們則加入部落及女家準備的圈舞隊伍，雙方以歌唱展開對話，內容包括互相稱讚對方的好處，也談及婚禮的條件和檢視聘禮是否合適，現場其樂融融。

依傳統慣例，Dan Touzet尚不能輕易碰觸新娘，但必須背著她到會場上接受族人的祝福，新娘則以膝跪在新郎往後交叉的雙手上，身體不能碰觸到對方。Dan Touzet費了一番工夫，終於在眾親友面前繞行了一圈。隨後在部落執事長老手持琉璃珠祈福祭告祖先下，再把珠子掛在新娘身上。

婚禮的重頭戲是新郎抱起新娘盪鞦韆，Dan Touzet協助許仙站上鞦韆架來回盪了數次後，再將她抱下接受族人的祝福。一番折騰下來，Dan Touzet已滿臉通紅，他說的確有點累，不過原住民傳統習俗很有意義，他很高興有機會親自嘗試到。

盪完鞦韆，隨即宴請親友，大家酒酣耳熱一陣微醺之後，歌舞進場，熱鬧到傍晚。

▍排灣族婚姻的〈長長久久〉

排灣族以往的結婚過程，男子必須在女方家中住上一至三個月，算是蜜月期，協助新娘家庭工作，相當尊重女性。如果彼此不合，部落裡長老就會指著baugu立木說，木頭都未毀壞，怎麼可以就此毀約，新郎可能成為千夫所指，違反部落內部規範，因此可以稱為婚姻盟約。

排灣族木雕家莊太吉（Aikinu,1949-）的作品〈長長久久〉，刻著一對身著傳統服飾，戴著羽冠的男女，從插戴羽毛的裝扮來看，應該是貴族家庭的成員，手牽手十分恩愛，見證了婚姻的莊嚴與神聖。

莊太吉特別設計兩位新人站立在石椅或鞦韆架前，架子頂端還放置

了一座小時鐘，隨著時間一分一秒向前走，也時時刻刻提醒他們，恩愛必須長長久久。

卑南族木雕家哈古的作品〈卑南族夫婦〉，刻著一對穿著傳統服裝的卑南族夫婦，兩人佇立著，像一張結婚合照般，1950年代台灣社會物質不豐，很多人一生難得拍幾張照片，趁著結婚等重要機會才能拍正式照片，為夫妻的恩愛留下紀錄。

▌ 凡艾克的〈阿諾菲尼夫妻的婚禮〉

〈阿諾菲尼夫妻的婚禮〉是一張「結婚照」或「結婚證書」，作品大小則是比攤開來的全開報紙大一些而已（82×60cm）。在沒有攝影技術的年代，這張結婚照是用油畫畫出來的，但是它的結婚內容恐怕比起一般單純的人像結婚照還要來得精彩許多。

〈阿諾菲尼夫妻的婚禮〉為荷蘭畫家凡艾克（Jan Van Eyck,1390-1441）所繪的作品，頭戴大圓盤帽、身著貂皮外套的主角阿諾菲尼是一位義大利商人和銀行家，為了要留下結婚紀念，因而請凡艾克為他們留下夫婦新婚的合影，畫面中無論兩人衣著珠寶裝飾、屋內陳設華麗，透露出主角的身份與地位。

阿諾菲尼舉起右手，左手牽著梳起流行髮型並穿著綠色禮服的妻子，似在向神表達這項婚姻的誓約，除了厚實衣物的質感，物品的刻畫尤其細膩，背後牆上的凸透鏡，鏡子上方牆上清楚地寫了一行字「Van Eyck在場」，鏡中反射出兩個人影，另一位可能是神職人員，在場有證婚人主持下，像不像是具有效力的「結婚證書」？

其實這場婚禮，還可以反映當時的婚俗與規範，從畫面上方的吊燈、窗戶與被褥，甚至地板的寵物狗狗都畫得十分仔細，並且各具隱喻，吊燈上點燃的白色蠟燭是西方婚禮上經常使用，祈求神與他們同在，小狗表示倆人對婚姻的忠實，此外床頭掛著小掃帚、窗邊的蘋果與地板上的鞋各有其象徵意義，畫面上幾乎沒有一項是多餘的，換句話說，一幅簡單的夫妻結婚留影，卻涵蓋著婚姻應有的各項禮儀與規矩。

凡艾克在美術史上有兩項角色頗為重要，一是改良油畫的先驅，在當時慣用以植、礦物提煉出的粉末調以蛋彩繪畫，凡艾克直接以油調

色，讓油畫技巧發揮得更透徹，特別是細膩的質感與層次方面，畫家多次疊上顏色，追求畫面的完美。另外凡艾克將繪畫題材，由宗教轉向民間大眾，〈阿諾菲尼夫妻的婚禮〉是一個重要例證，開創了文藝復興時期以人為本的新視野，也是脫離宗教畫的最早期作品之一。

從一場婚禮中可以看到，在民族文化涵養下，各自呈現不同的規範，舉手投足間，僅管是細微的禮儀，或是配飾物件，背後卻隱藏著無限的象徵意涵，也可能是群體的制約或是終其一生追求的理想。

▌凡艾克1434年所畫的〈阿諾菲尼夫妻的婚禮〉

▌對話──聖潔的婚姻

自古以來結婚都是莊嚴且神聖的，它不僅是婚配的關係，更是親屬關係的擴大，建立一個新的社會關係的基礎。

往日權貴的婚禮，其繁文縟節更是不在話下，從排灣貴族的婚禮中可以看出端倪，〈阿諾菲尼夫妻的婚禮〉是西方藝術作品中描寫婚禮，為人所熟悉的一幅，從一幅油畫創作，除了反映當時社會環境，也藉著各項物品，看出對婚姻的象徵意義，並傳達婚姻本身的聖潔和義務。

盪鞦韆

魯凱族的鞦韆情

　　東魯凱族年度的收穫節（kalalisia）祭儀中，各界矚目的焦點多半在「答來衣希」（dalaiisi）──盪鞦韆，這項被族人比喻為魯凱族的「我愛紅娘」活動，咸認為女生盪得愈高，讓男生抱下來是一種榮譽，也會有姻緣，但自己跳下來就沒有行情了。

　　卑南族的建和、初鹿部落也有該項習俗，同樣選在小米收穫節時舉行，卑南族人對鞦韆的起源，認為是收穫節時，巫師在祭祀祖先、天地神和五穀神時，為了不讓小孩子嬉鬧影響儀式進行，因此在一旁架設鞦

魯凱族盪鞦韆
（左右頁圖）

鞦韆架，給孩子們玩，演變為高架鞦韆，男女族人都可以活動。

鄰近的東排灣族也有少數如正興部落有盪鞦韆的活動，老輩族人說，盪鞦韆是貴族階級女孩的活動，在鞦韆上的女孩要保持良好儀態，那會是各方追求的對象，因而以往有些婦女平日喜歡在頭目家廣場上的榕樹下練習盪鞦韆。

盪鞦韆活動以魯凱族人最盛大，有嚴格的規範，從上山到避風山谷尋找巨大的刺竹開始，老輩族人表示，竹竿需要有四十九節，約20公尺長，鞦韆繩則是找血藤或爬山藤，砍回部落浸泡軟化，接著就是要架設鞦韆架。

架鞦韆是高難度的工作，四根巨竹首要排列規畫結合點，然後以小竹架支撐，再一步步升高，同時在四根竹的基礎點挖出約50公分深的坑，俟定位後填入土石固定。最後就是巨竹結合並將鞦韆繩垂下，這部分需靠人力爬上固定，非常驚險。

鞦韆架設完成後，在收穫節當天，由頭目分別在各巨竹根基念咒祈福，才能正式展開盪鞦韆活動，未婚男女可以藉此機會交往，年輕人公

▌頭目祈福　　　　　　　　　　　　　　▌魯凱族架鞦韆（曾正福攝）

　　開地邀請喜歡的對象前去盪鞦韆，女孩子踏上鞦韆籐繩以後，兩名族人各據一邊拉繩來回盪高，俟女孩認為足夠了，才緩緩放下。

　　停止後，男方再將女孩抱下並送回女方家長面前，也是年輕人向長輩表達禮貌之時，習慣上女孩願意接受男方的盪鞦韆邀約，就表示對男方有好感，日後更可進一步來往。

▌鞦韆創作的雕刻家

　　木雕家沈秋大（1916-1996）是傳承近代排灣族傳統雕刻的重要人物，他留在屏東縣泰武鄉文物館的大型精緻的板雕，分層分段刻著排灣族佳平部落的生活史，包括狩獵、儀式歌舞及生活情形，十分華麗而珍貴。

　　其中盪鞦韆的歌舞場面就極為熱鬧，平面浮雕刻畫了分開站立的男女族人，背著獸肉及各式禮物前來，中央則是盪著鞦韆的貴族女孩，右邊則是部落族人共舞，可能是呈現貴族的婚禮等重要活動。

另外也雕刻溫鞦韆的東排灣族丁進財（Gusan,1969-）是達仁鄉台坂村人，與沈秋大一前一後，鞦韆作品橫跨了不同世代，也呈現不同的樣貌。Gusan小學畢業後便北上在台北縣工作，從事石像雕刻，從學徒做起，一做二十多年，憑著這身技藝與不同的文化涵養，勇闖木雕創作的領域。

　　Gusan說他跟著老板陳進祿學習石雕，多半是刻廟裡的石獅、龍柱等，也會接墓碑雕刻，當年工作可以說是應接不暇，他循著三年十個月正式學徒訓練，然後「出師」，當了師傅可以獨當一面，接各式的石雕工作，但是在大陸石材及石雕作品大量進入國內市場後，工作機會銳減，讓開了幾十年的石雕店凋零，為了不增加老板的負擔，他選擇離開，短暫地在桃園一帶打零工，直到2001年返回故鄉。

　　Gusan的老家在台坂啦力巴部落，回到自己家土地上，除了偶而接一些零星雕刻工作，Gusan靠著以前所學的雕刻技藝無法養活家庭，他主要的收入來源，還必須要受僱當臨時工，到山區內為人伐木，賺取微薄的工錢維生，2006年終於累積了一點錢，搭蓋了一間小鐵皮屋，讓全家人有遮風蔽雨之所。

　　在山區伐木，經常會看到一些鋸下來的碎木頭，他

■ 沈秋大〈排灣族人的生活〉

徵得工頭同意，回家時順便攜帶回去，利用這些木頭，Gusan把一些心裡想雕的東西呈現。他説，老人家講的故事是他最常用的題材。像是盪鞦韆活動，未婚男生可以邀女生一起，培養感情。

Gusan説，以前常在楓樹下架設鞦韆，當他拿到一塊長得奇形怪狀的木頭時，腦子裡自然而然就浮現出盪鞦韆的圖形出來，於是他以鞦韆為主，旁邊則刻畫了各種動物來陪襯，塑造了森林裡的感覺，這也是他在成長階段，跟著父執輩上山狩獵的印象。

▌丁進財〈鞦韆〉（局部）

▌雷諾瓦的〈盪鞦韆〉

印象派畫家幾乎皆擅長補捉光線的變化，其中特別觀察人物在陽光與樹葉陰影下微妙變化的畫家，應屬雷諾瓦最為入微了。

雷諾瓦（Renoir,1841-1919）是法國人，出身不富裕、小孩子多的家庭，一直到了十三歲才開始繪陶瓷，他夢想能夠進入繪畫的世界，遲至二十歲終如願學畫，但喜愛到楓丹白露森林去寫生。

隨後雷諾瓦在沙龍展獲獎，開始聲名遠播，不少社經名流找他繪製肖像，雷諾瓦的經濟也獲得好轉，他仔細觀察法國上流社會生活，描繪出如〈船上的午宴〉、〈蒙馬特的舞會〉等作品。

盪鞦韆是他1876年的作品，畫中一名仕女在大樹下輕盪著鞦韆，兩名男士正與她談話，一旁還有一個小女孩看著，遠處一群人也在交談

著，可以看出這是一場社交活動，仕女們在角落藉著盪鞦韆與男士聊天聯誼。

雷諾瓦將自己最擅長補捉光影的技法，完全反映在此作品上，陽光透過樹葉，投射在人物的皮膚與衣服上的變化，在仕女白色禮服上，藍紫色在上恣意地揮灑，或者男士西裝上的淺色藍紫色應用，似乎看到了細碎陽光灑在身上的感覺，但沒有因為顏色的變化，影響了服裝原有的顏色主調。

雷諾瓦這種穿透技法，在許多作品上都發揮得淋漓盡致，晚年他因關節炎手指扭曲，卻仍然勤於創作，做了不少雕塑作品，對於藝術的熱愛與投入，令人感動。

雷諾瓦1876年的油畫〈盪鞦韆〉　92×73cm

對話——鞦韆文化

魯凱族的盪鞦韆活動是族人共同生活經驗與記憶的表現，形成一種「鞦韆文化」，對部落而言，彼此互動、學習，透過觀念與價值的傳遞，讓相同文化信念的人結合在一起，文化也成為群體的重要連結。

雷諾瓦描寫的盪鞦韆，可以看出當年法國上層社會的交誼活動，當然一定程度也反映當時的社會現象與文化價值觀。

刻有盪鞦韆的陶甕

漁人與舟

▌ 新船下水儀式—marbomusmus

　　為了讓傳統雅美舟下水儀式能夠在新世紀再現，居住於朗島部落的郭戶由特別循傳統準備相關工作，2001年2月初率領三個兒子進行造船。

　　嶄新的拚板舟終於在7月前完成，新船閃爍著亮麗的色澤，周圍被芋頭裝飾得華麗隆重，船中央還特地立了一根桿子，上頭綁著一副牛角，牛角彎曲的造形很美觀，與習慣上船首立起的同心圓羽飾搭配起來，格外醒目。該艘十人座大船，材料以龍眼樹幹為龍骨，赤楠木為龍身，麵包樹為船鞘，以鍋底黑灰、紅土及白色貝殼粉作為船身塗料，整個船身沒有半根鐵釘，完全以小桑葉木削成的卡榫接合，相當符合傳統要求。

▌ 新船下水（廖聖福提供，左右頁圖）

▋哈古〈新船下水〉

　　下水儀式前夕，新船停放在船主人郭戶由家屋旁，清一色的村落男性族人盛裝打扮陪著新船，大家席地而坐，有人帶著銀盔，有人戴起了椰子帽或佩掛了短禮刀，在船旁當然也有現代的服飾及太陽眼鏡，這些都是主人家從島上各部落邀請來的長老及親戚族人。

　　船主人分送飲料給大家，同時接受來賓們的「禮讚」，族人輪流以歌謠頌揚新船華麗，並且稱讚主人造舟手藝的精巧，主人也以傳統歌謠來答謝客人的讚美，雙方以歌謠一來一往，氣氛相當動人。歌謠的傳唱一直持續到下水當天清晨才結束。

　　清晨5時許，第一道曙光照在海面，此時，族人也由各角落聚集到船主家中，將日前特別到台灣買的豬隻，連同芋頭等，分享親人。

　　上午11時許下水儀式開始，船主郭戶由站到船上，在簡單吟唱祈求祖靈庇佑後，身穿傳統服飾聚集在船身四周的族人，以抱拳怒目的抖動肢體，口中不斷地喊出「ho、ho」震撼聲調，族人表示用集體力量與

聲勢來驅趕惡靈。接著全體合力將船身上拋三次表示歡呼後，開始往海邊移動，途中由老、青、少三代扮演著勇士，在各路口聚集，再經過數次的拋船和祈福後，才將新船送到海邊，船主帶著船團成員出海試划成功，才完成整個下水儀式。

▌哈古的〈新船下水〉

在雅美社會中，擁有社會地位的長老才能打造乘坐十人的大船，據說船主坐在新船上接受族人合力拋起，如果沒有從船上摔下，就是象徵著新船已獲祖靈祝福。

從藝術創作角度來看，新完成的拚板舟，欲藉由眾人力量，護送至海邊進行下水儀式，當高舉起新拚板舟的剎那，充滿了集體的力與美，夾雜著激昂情緒，也是創作者亟待捕捉的動人畫面，哈古顯然也掌握住那一刻，刻畫下拚板舟下水的美感。

▌橫越黑潮的雅美拚板舟

2007年6月19日一艘雅美拚板舟，朗島部落的族人接力操槳方式，歷經十五小時與黑潮搏鬥，終於在台東市海濱上岸，這也是已知百年來拚板舟橫越蘭嶼與台灣本島間海洋的創舉。

雅美拚板舟的製作使用，從上山在林場挑選樹木註記，到漁團分工合作砍木、削弧板、拚接船身，完成後舉行下水儀式，從事漁撈作業等，族人向來遵守相關規範，不過這艘十四人舟卻打破了族人長期以來的禁忌，

▌拚板舟越黑潮

　　由民間資助計畫而展開「ipanga na 1001跨越號」，利用五個月時間，請朗
島部落族人打造超過十二人座的拼板舟，完成後直接從蘭嶼出發橫渡黑潮
抵達台灣，這些設定完全不按規範，因而受到族人眾多質疑。

　　造舟計畫一邊進行，一邊與族人溝通，最後才在允諾大船不會留在
島上進行漁獲才得到諒解，但也因如此，新船完成後維持低調未舉行盛
大下水儀式，僅在出發前由耆老鍾本由主持，用族中象徵高貴的金箔
紙，進行簡單祈福儀式，然後在海巡署巡艇的戒護下，出海划行。

　　為了讓拼板舟順利划抵台灣島，總計出動了三十名族人操槳，這群
漁人年紀從二十至五十多歲皆有，涵蓋了老中青三代，由於黑潮風向作
用，族人感受與平日的漁撈作業差距甚大，大夥腰背酸痛，體力遭到嚴
重考驗，因而在航程中，每二小時必須替換人力一次，而直線80公里的
距離，總計划行100公里才靠近台東海邊。

　　帶領船隊的族人郭健平表示，以拼板舟橫越黑潮是一項挑戰，除了
考驗體力和耐力外，面臨無法預測的海象變化，都是冒險，老人家與成
員在上岸後，雖然十分疲憊，連屁股都磨破了，但心情郤很興奮。他
說，當船橫越黑潮浪濤的時刻，全船安靜無聲，只聽見族人划槳的節奏
聲，那一刻令人感動得難以忘懷。

▍荷馬的〈大霧前兆〉

　　文斯洛・荷馬（Winslow Homer,1836-1910）是美國著名的海洋畫

家，早年從事木刻插畫，之後前往法國旅遊，接觸到法國印象派的畫風。四十八歲時搬到緬因州的海邊獨居。每天面對一望無垠的大西洋，海象的變幻莫測，時而萬里無雲，時而狂風暴雨、波濤洶湧，荷馬開創了一系列「海洋」的畫作。

荷馬對海洋的認識與深情，從大量的水彩及油畫中可以明顯地看出，無論漁船與人物動態、起伏的波濤與天色變化，無不述說著漁人的艱辛，真實流露人類向大自然討生活，想征服海洋的豪情壯志，或者是面對大自然的渺小無助。

荷馬的作品描寫漁人海上作業的畫面頗多，以〈拖網〉為例，兩名漁人正忙著拉起拖網，而網子上佈滿了許多魚類，應該是一次豐收之旅；構圖簡單的〈警鐘〉，畫面中央晃動的大鐘，左下角描繪出滿臉驚慌的漁人，恐怕是海上船隻發生狀況示警，對照出緊張的氣息。

荷馬的創作偏向自然主義，流露著對大地、漁人關懷的內涵。屬於他獨特而質樸的作品表現，就像是漁人一般自然。

▌對話──苦難的力量

最簡單的獨木舟是在樹幹上挖洞，放在水上航行，但是雅美（達悟）族的拼板舟超越了原始的造舟技術，用的是削平或有弧度的木板拼合，已經是船的結構了，而南島民族的船舷，另加上浮板支架，使船身更形穩固，可以逆風呈「之」字方式前進、載重並在大海航行遷移。

無論如何，南島民族在海上航行，靠著人力在茫茫大海中，隨著波濤起伏，為生活搏鬥所刻畫的艱辛，對照起荷馬〈大霧前兆〉作品或列賓〈伏爾加河上的縴夫〉，更加讓人感受一股力量，那正是苦難中的力量呈現。

▌列賓1870-1873年的油畫〈伏爾加河上的縴夫〉　131.5×281cm
（藝術家出版社提供）

相撲的世界

卑南族的相撲

卑南族相撲

卑南族相撲活動在每年7、8月間農忙結束，傳統海祭後舉行，老一輩族人的記憶裡，往昔在農忙過後夜晚，利用族中公共的「巴拉冠」集會所練習摔角或角力，南王部落族人認為日治時代加進了日本式的柔道或相撲觀念，形成今日的模樣。

競技場以四支大柱架起，覆蓋著遮陽網，場中央堆積沙土，外圍以草繩圈住，裁判手握巴蕉扇執法，規則以圓形沙場為準，競技者被一方推擠出場外則判輸，身體被抬起或兩腳外身體各部位一點著地，也判定敗北。選手則為國小一年級生到成年人皆有，按年齡分組，通常南王社區以南北地域分為兩部落，比賽方式分為單挑式、滿貫式兩類型，前者雙方各出一名選手參賽，輸贏均有獎品，後者為選手必須連勝對方三位選手或五位選手，為「三連勝」或「五連勝」，這是最高榮譽，獲勝選

手可得到獎杯、獎品及獎金不等。

　　滿貫式的競技最受族人重視，選手們上場一個鬥過一個，一路接受挑戰，除了必須擁有充沛的體力，還得要有勇氣及智慧，才能過關斬將，當選手們進行比賽時，場外圍觀的男女老少均屏息觀看，緊張的氣氛讓人難以喘息，獲連勝時即爆發出高分貝喝采聲，頭目當場頒發獎品後選手繞場一周，接受眾人歡呼並接受族人給予「勇士」的榮耀。

　　卑南族相撲比賽場地也有許多禁忌，比如圍觀群眾不得在高處觀戰，免得影響比賽選手，族人認為很多競技者受傷都因而引起，此外，在場上也準備「鹽巴」供選手或執法裁判進場前，取用並灑在場上，據說可保平安與獲勝。

▍阿美族、東排灣族的相撲與搏鬥

　　阿美族消失了四十餘年的相撲競技族語稱為「米得露」，於1986年在花蓮縣吉安鄉重現，由老頭目黃光明發起，立即獲得鄰近部落響應，組隊參加競技，

▍卑南族相撲場（右二圖）

老人家們興奮地重溫舊夢，同時也期許年輕輩接棒傳承。

比賽區分為國小、國中及社會青年、中年、老年等組，並設有團體對抗賽，活動地點選在社區學校內鋪設沙場，同時規定穿著丁字褲上場，但因應時代變遷，年輕族人多半以大毛巾、布片等，或者穿著短褲替代；競技獲勝者頒給生活實用品如鍋子等，參與選手也有毛巾、肥皂獎品，統統有獎，獎勵重於實質，至於獎品多少，族人則不太去計較。

族人表示，阿美族相撲已有百餘年歷史，是農忙後的活動，雖然沒有專業訓練，但是受到族人重視，不過在光復後曾消失了四十年，目前各部落推動文化復振，相撲又逐漸受到認同與喜愛，每年訂在3月間公開舉行相撲競技，近幾年參加狀況十分熱絡。

另外，東排灣族的相撲活動在每年夏季部落年祭後展開，規模與參與程度並未拓及整個東排灣族群分布，也有可能因鄰近卑南族、阿美族，在族群接觸的過程中，產生了文化採借的現象。

正興部落的相撲活動，場地以部落空地上的沙地為主，通常僅在自己部落間進行，至於相撲規則與卑南族相較則是大同小異；因屬於族人的娛樂性質，通常以遊戲性質居多，也發現有小女生進行相撲的例子。

▌搏鬥的創作

卑南族陶藝家，族名「喀大德伴‧包哇」（盧華昌,1945- ），早年從事農作之餘，常以木頭雕刻自娛，培養對工藝的愛好，退休後他轉而做陶，並且製作一系列的族群文化作品。

　　喀大德伴‧包哇擁有卑南族堅毅的性格，尤其對於傳統文化裡陽剛　　▌高新發〈搏擊〉
氣息的題材相當愛好，他塑造了許多獵人狩獵作品，也包括了族人祭儀
活動，例如〈摔角〉就是描寫卑南族的相撲比賽，可以看到兩名族人互
抱，想將對方扳倒的情形，由於用盡力氣，牽動肌肉凸出，顯示出力的
美感。

　　東排灣族的素人木雕家高新發（Ligaer,1920-1997）也雕刻過類似
這類相撲或搏擊運動的木雕創作，兩組搏鬥的造形，是刻在同一塊木頭
上，一邊是兩人徒手進行搏鬥，其中一人右手抓著對方的手臂，準備摔
出，被壓制的則是低頭抵抗。另一邊是以木棍擊中對手，刺中對方的胸
膛，表現出狠與準。

▌高更的〈雅各與天使搏鬥〉

　　印象派晚期畫家高更（Paul
Gauguin,1848-1903）的藝術生涯很離
奇，三十五歲以前他是法國一名股票
商人，家庭生活優渥，正當事
業攀上高峰時，他卻選
擇專心投入繪畫創作。
1891年他拋棄了一般

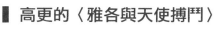
▌喀大德伴‧包哇作品〈摔角〉

▌ 高更1888年的油畫〈禮拜後的幻象：雅各與天使搏鬥〉

人生命中一輩子追尋的名利與家庭生活，隻身前往大溪地島，遠離文明的束縛，追求自然純樸的生命原貌。

〈雅各與天使搏鬥〉是高更作品中很特別的一幅，畫面上主要是描繪《舊約聖經‧創世紀》篇雅各的故事，雅各奪取了哥哥「以掃」的繼承權，為了躲避追殺乃逃亡到舅舅家，娶舅舅的女兒為妻，在工作了十四年後攜妻兒返鄉。當家鄉出現在眼前時，雅各卻耽心「以掃」報復，將牛羊牲畜分成三隊，要求家人與隨從先行，自己則留在河岸邊，祈求上帝賜予力量並保佑平安。

夜晚，上帝派了一位天使下來與雅各搏鬥，兩人激戰到天明，無法分出勝負，最後天使在雅各腿上打了一下，造成雅各無法再格鬥，天使告訴他「從今天起你的名字不叫雅各，叫「以色列」，雅各也因而成了以色列的先祖。

雅各的故事也許是上帝派天使來考驗他的毅力與決心，相對於高更遠離文明的行為，背後所蘊藏著宛若火山般澎湃的矛盾與掙扎力量，兩者間似乎存在著有趣的對應。這幅作品高更也取名為〈禮拜後的幻象〉，畫面上一群頭戴著特殊白色帽子的不列塔尼女人們正在觀賞著一場相撲賽，從〈禮拜後的幻象〉題目來看，婦女們可能是在教堂做完禮拜後，回想著〈雅各與天使搏鬥〉的精彩過程。

　　透過朱紅色土地的視覺效果，焦點很容易找到格鬥中的雅各與天使，兩人搏鬥的模樣，好像是進行一場相撲競技，高更在繪畫當時，顯然受了19世紀流行於歐洲的日本浮世繪圖畫中所描寫相撲形象的影響，整張構圖以一棵樹區隔，左下方是真實世界，右上方則是想像的天神境界，排列的婦女們正在觀賞一場相撲競技。高更有意無意想藉此畫作擺脫印象派思考與侷限的企圖昭然若揭，嘗試朝濃厚的象徵性質、大塊面處理顏色方式，更為20世紀野獸主義打開了新視野。

對話──多元文化下的相撲世界

談起相撲競技，日本相撲文化的發展與細膩程度堪稱代表，在日本被視為國技的相撲，力士選手地位崇高，也獲得各階層人士喜愛；相撲專用比賽之場地，稱為「土俵」（以稻草來區隔場地），賽前習慣撒鹽祈福，比賽規則中，兩位力士其中一人被推出「勝負俵」之外，立即被判敗北；選手踏出了圈圈外，或者身體兩隻腳外的任何一部分接觸到地面，例如手指或膝蓋碰地，就輸了比賽。

相較於卑南及阿美族舉行的相撲，可能起源於農忙後的休閒活動與鍛鍊身體有關，但無論場地、比賽方式甚至規則、禁忌都有日本相撲類似的影子，也許在日治時期，台灣原住民受到日本相撲競技的影響或融合了相關內涵吧？

從卑南族傳統競技到日本相撲文化，再由浮世繪畫作相撲造形，化身為高更〈雅各與天使的搏鬥〉畫中神與人競技，相撲像是一場地球村的活動，只是在世界各地以多元化內涵呈現出來。

女人的節日

▌ 卑南族的「婦女節」

卑南族的傳統中，每年完成小米收割及除草工作後，部落會舉辦「穆加慕特」（mugamut）的祭典活動，用來聯繫婦女彼此的感情及族人團結力，被泛稱是卑南族的婦女節。

目前僅南王、賓朗部落持續辦理該項活動，長老指出，傳統上族人從事小米種植，都是由婦女負責，農耕除草時族中婦女們組成「除草團」（myasamur）相互支援，每天清晨公雞啼叫，就在部落入口排隊以小跑步出發，手中邊敲擊著導鈴，抵達後立即工作，一直等到日正當中

▌ 婦女節活動
（朱志恒攝）

見維巴里〈卑南族婦女分工採藤〉

才休息,也趁機在田裡採花草編製花環。

　　長老們指出,婦女們腰間佩戴的鈴鐺,是在工作時可以振奮精神,同時整個活動可以讓婦女體驗團結、勤勞與敬老尊賢的傳統美德。小米收成與除草工作告一段落,全體婦女即辦mugamut——除草完工祭活動來慶祝。

　　目前小米已非種植主食,僅「穆加慕特」活動象徵性被保留下來,在南王部落的舉行方式,上午在族中巫師祈福希望活動順利後,從五、六歲小女生到八十幾歲的老婆婆,約一百位婦女均穿著卑南族傳統服飾、頭戴斗笠或帽子、花環、腰繫佩刀及臀鈴,排成兩路由少年會所(巴拉冠)向卑南文化公園慢跑,一路上不斷敲打導鈴、搖響臀鈴,口中則高唱「呼呼阿」,清脆的鈴聲益發使精神抖擻起來。抵目的地後,婦女們相互持著男士們事前上山砍下約50公尺編成的茖藤蔓,以小跑步返回,途中一邊進行各年齡階層的賽跑。回到巴拉冠後即展開一連串歌舞及趣味競賽活動,並且由老人家指導年輕一輩吟唱傳統歌謠,以及享用原住民傳統美食,至於象徵著大家一條心的茖藤蔓則在切割成一小段後分贈給參與活動的婦女。

　　「穆加慕特」是台灣原住民族群中唯一純婦女的祭典活動,在部落裡這一天男人多半放下身段為婦女煮飯、斟酒、敬菸等,對老婆、母親家中女人一年辛苦表示謝意及敬意。不僅顯現卑南族人的兩性地位,也表現出卑南族男子對老婆的體貼。由於舉行時間約都在3月初,而以往「三八婦女節」大家均朗朗上口,致後來被泛稱是卑南族的婦女節。

婦女的角色

婦女一生擔任的角色，從少女到為人母，生兒養女到終老，生命的循環是如此奧妙，尤其是懷孕傳續生命，一直是藝術家歌頌的對象。

阿美族木雕家Sifo（黃約瑟，1958- ）雕了一件木雕作品〈母愛〉，橢圓球體的母親身體，外罩的大衣像一件披風，保護著子宮裡的新生命，體型比起一般胎兒巨大的胎兒，靠著頭向上仰，像是在與母親對話，母親的眼神似乎是痛苦的，讓人聯想到懷胎的辛苦。

Sifo希望利用作品來表達，藉著母親的犧牲，小孩才可能長大成人，惟有母親無私般包容的愛，才能感化洗滌人心。

▌黃約瑟的創作〈母愛〉木雕

克林姆的〈女人的三階段〉

克林姆（Klimt,1862-1918）畫筆下的女性，有一種嫵媚、華麗的美感，他作品上使用大量的金色，也有別於一般畫家，這種對金色的愛好，似乎與華人的喜好很相近。

生於奧地利的克林姆，小時候就讀工藝學校，接觸美術教育，成年後在劇場任職設計裝飾工作，特別喜好金色營造輝煌燦爛的質感，他這股愛好也直接在往後的畫作上呈現，克林姆更以金色畫出女性貴族般金光燦爛的氣質，為求一幅肖像畫的仕女們，得排隊等候。

克林姆的一生與女性也很有緣份，1907年作品中的雅爾黛肖像，據說是克林姆的舊情人，後來嫁給銀行家，但也一直跟克林姆有來往，〈Judith I〉（1901原為神話故事中誘敵婦女，趁機砍下對方首級）此肖像傳聞是雅爾黛主動找克林姆所畫，雅爾黛在畫中慾望的神情，讓人為之驚訝。

克林姆的〈女人的三階段〉，描

▌克林姆　1905年的油畫〈女人的三階段〉180×180cm

寫女人一生的階段最為深刻，從手中懷抱的嬰兒起，成長為美麗的女人，再步入結婚、懷孕生子，是女人一生所走的路，也是生命的循環。

▌對話——女人的生命循環

在卑南、阿美族母系社會體系裡，由於來自女性親屬繼承直接關係，無論在財產分配、土地擁有、家族身份等，比較佔有優勢，同時享有較多的資源，與其他民族的女性一樣，基本上扮演著生命延續角色。

克林姆留下的創作，可見對女性主題用情之深，描寫極為細膩，同時他獨創的構圖法則與金亮色澤的應用，也讓人印象深刻。

船筏人生

阿美族竹筏捕飛魚

　　每年4到6月是東海岸阿美族人的飛魚季，傳統上阿美族人捕獲的飛魚，大都加以曝曬成魚乾，長期保存當成料理食材，供三餐食用。

　　出海捕飛魚，阿美族過去靠的工具是竹筏，製作竹筏因此成為部落的大事，通常在一年前，由男子上山挑選竹子，以麻竹及刺竹為主，適合的竹子乃合力採取回來，再砍成所需長度的竹筒，埋在海沙裡自然乾燥，此時族人會到山裡砍取藤條，以便用來固定竹筒。

　　經過數月再將埋在沙中的竹筒取出，用刀子削去竹皮，有的部落為了製作竹筏前後稍微彎曲的幅度，族人以原始的燒烤方式進行，這是較細膩的手工藝，也是竹筏是否成功的關鍵，必須控制燒烤竹筒的熱度，迅速處理，否則易燒壞或變形。最後將竹筒併排，以藤片捆綁固定，另外找來榕樹幹削製成木槳，就可以大功告成。

　　阿美族的竹筏完成後，也有簡單的下水儀式，或邀請長老帶領大家祈福，或族人合力抬起竹筏，口中大聲呼喝著奔向海邊，皆是齊心齊力祈求

▌阿美族竹筏
（左右頁圖）

平安豐收的表現。事實上，竹筏製作技術雖然不太困難，但是操作起來卻是不易，且由於體積較輕，在大海浪濤中常會被海浪帶著走，操控它需要經驗與技巧，時下因塑膠管材料方便耐用，早已取代竹筒，因此傳統的竹筏已經較少見。

　　東海岸長濱鄉曾於2005年在南島社區大學的推動協助下，舉辦了傳統竹筏比賽，各部落自行製作竹筏，然後一起展露身手，下海競賽，以兩艘竹筏一組，分別由兩人操控，在預定的近海海面上划向岸邊，首先抵達隊伍獲勝，當竹筏在海浪中破浪前進或載浮載沉時，岸上的族人加油聲不斷，場面相當壯觀。

▌海洋民族的創作──〈爸爸捕魚去〉

　　原住民藝術家阿水（陳正瑞,1957- ），2006年推出一件創作〈爸爸

▌阿水〈爸爸捕魚去〉（右二圖）

捕魚去〉，以裝置藝術呈現的作品，很能夠顯示出漁人的生活，尤其是海洋民族的特性。

父親阿美族、母親噶瑪蘭族的「阿水」，童年都在東海岸鄉下度過，他說：噶瑪蘭族與阿美族皆靠著竹筏打漁，記憶中他小時候曾經隨著舅舅的竹筏一同出海，但是經過兩小時就暈船，舅舅只好將竹筏開到岸上要他下船，他強調，這是成長期間一件很丟臉的事情，因為身為噶瑪蘭族，在海上會暈船是不可思議的。

阿水說，竹筏雖然簡易，但是卻是族人手藝的考驗，要擁有一雙巧手，竹筏才會做得漂亮。〈爸爸捕魚去〉木雕作品大致完成於六年前，參加一場比賽後，就將它藏在倉庫束之高閣，四年前再度拿出來修飾，2006年重新以裝置方式呈現。

木雕的焦點是兩位在竹筏上划著槳的族人，靠海維生的漁人擁有

真柄部落以漂流木製成的竹筏塑像（上二圖）

一身強健的體魄，正辛勤地划槳破浪前進，兩端彎曲的竹筏，指向天邊，有向大自然討生活的豪氣；阿水以裝置手法在一塊漆成深藍色的木座台上，舖滿了鵝卵石，同時周圍圍上了漂流木，讓作品呈現空間層次感。阿水表示，台東海岸線綿長，鵝卵石是一大特色，用它來裝飾，像從飛機往下看到的海底世界一樣美麗。

以竹筏在海上進行捕魚時，難免會碰上潮流，尤其在黑潮經過的太平洋海域，常被浪潮帶走，漁筏上的人就得更加使勁，避免讓漁筏漂流。阿水用了許多漂流木，強調浪潮的洶湧，漂流木線條呈現出潮流水性，竹筏在上宛若活生生動力呈現的感覺。

〈爸爸捕魚去〉是靠海的原住民族群中少見以海洋創作為題材的作品，尤其是傳統竹筏的應用更形珍貴，也為現今東海岸阿美族人正進行的文化復振做了最好的註腳。

▌怒海求生的〈梅杜莎之筏〉

1816年法國軍艦「梅杜莎」號在西非海岸不幸發生觸礁，船長與高階軍官搭乘救生艇倉皇逃生，留

傑里科於
1818-19年所
繪製的油畫
〈梅杜莎之筏〉
491×716cm

下一百四十九名船員擠進一艘簡陋的救生木筏上，在茫茫大海上漂浮待
援，經過十二天漫長的掙扎，剩下的十五人才僥倖獲救，這事件不僅震
驚法國，甚至轟動國際社會。

　　生於法國的傑里科（Gericault1,791-1824）是浪漫派時期的主要畫家
之一，他曾經到義大利觀摩米開朗基羅等大師的作品，因為喜歡馬，也
在英國創作了不少以馬為題材的作品。1819年傑里科根據「梅杜莎」號
史實繪製了〈梅杜莎之筏〉一作，但是對於當時一般社會向來以歌功頌
德的方式來欣賞歷史題材的畫作習慣，〈梅杜莎之筏〉反其道而行表現
出赤裸裸人性醜陋的一面，其所得到的評價應可預知。果真在公開展示
時，並未獲得良好的回響，反倒是官方對該畫作出現強烈的反彈，使畫
家心情受到相當大的打擊，致而鬱悶以終。

　　〈梅杜莎之筏〉畫的是災難現場，據說傑里科當時在作畫時，為了
還原當時情形，除了訪問劫後餘生者外，還請來製船的木匠，特別仿製
一艘救生筏模型，畫家掌握的瞬間，顯然已是梅杜莎之筏在怒海中求生
的後半段，在晦暗兇惡的大海中，浪濤隨時會吞沒岌岌可危的木筏，奄
奄一息的人們堆擠在張著小帆的木筏中，一片狼藉。

在木筏上充滿著死寂與絕望的殘酷景象，不過作者在畫面右上方卻繪出幽微亮光的天際，僅剩下微弱氣息的幾個人奮起最後的力氣，正努力地堆起人牆，揮動手中的衣物，向著遠方求救，讓人猶抱著一絲希望。

〈梅杜莎之筏〉是藝術史上浪漫主義著名的一幅畫作，法國大革命之後，自由、平等與博愛的理念傳遍世界，藝術家們受到整個社會氛圍影響，拋棄了靜態的古典描寫方式，追求富有想像力的動態感，浪漫主義因應而生，以戲劇手法表達個人情感與經驗成為特色，如愛情與權力等題材，相當受到藝術家歡迎。

▌ 對話——船筏與海

靠海維生、與海為伍，也許是極為浪漫的想像，卻也可能是漁家心中永遠的負擔，男人在海上的日子，妻兒們必須承受戰戰兢兢度日的煎熬。

「天這麼黑，爸爸捕魚去，為什麼還不回家？」是40、50年代所讀的課文，隱約讓人引發淡淡的哀愁與不安的未來，印象極深刻。套在真實際遇的阿美（噶瑪蘭）族藝術家阿水身上，心中應該格外有感受，〈爸爸捕魚去〉是他的幼年記憶，也是心靈上永遠的烙痕，擔負家庭經濟的父親，在波濤洶湧的海上工作，等待在岸上的家人憂心焦急心情可以體會。

至於小小一片梅杜莎之筏上，擠滿了待援的人，在大海中求生存是唯一原則下，背後發生的故事，恐怕是赤裸裸的你死我活爭奪與人性殘酷醜惡現實的一面，大難臨頭，人的力量多麼微弱，只渴求一線生機而已。

在大海上，渺小的捕魚人經常得和大海搏鬥，為的只是家人的溫飽罷了，多少年來，海洋維持著它的寬闊、浩瀚，歷史腳步也不曾停歇，船筏上也一直上演著真實的人生。

第四篇
自然的頌歌
植物與醫藥

大自然是孕育人類的搖籃，無論過去布農族的小米或是西方賴以維生的小麥，它默默地提供溫飽；身上的病痛，也靠著植物藥草滿足生命的存續，自然環境與人們關係密切。

織衣蔽體是泰雅族婦女基本的工作，西方也有織女的故事，織布伴隨著成長，從苧麻到絲線，衣物從需求到講究裝飾，改變了人類的進化史。

也許只是小小的佩戴花環、草帽的裝扮，或是代表身分地位的華美服飾，我們都得感謝大自然的賜予，並且真誠的珍惜。

神與人的花環

▌ 大獵祭的花環

2006年前夕，南王部落卑南族人於台東火車站前廣場搭設起凱旋門，迎接在利吉山區接受狩獵訓練返回部落的族人，婦女們準備豐盛的「花環」戴在長老身上，慰問他們的辛勞，整個場面籠罩在花海與溫馨的氛圍裡。

頭戴花環、身穿傳統服的婦女族人一早就各自提著事前準備好的花環來到會場等候，迎接從山上進行大獵祭凱歸的族人，11時許，背著簡單的網製獵袋、穿著簡易工作服裝扮的一、二十位長老，拄著手杖，由部落耆老潘金玉領隊，列隊步行，年輕人則一路繞著長老們，護送他們魚貫進入凱旋門。

當進入凱旋門內設置的座椅後，婦女們立刻湧入，一面為自己親人卸下髒污的工作服，換穿乾淨的傳統衣飾，並親切地將花環戴在每位長老頭上或脖子上，媽媽小姐們慰問上山狩獵的辛勞，同時祝福新年快樂；不少居住在外地的晚輩也專程趕來赴會，特別來給長輩請安，有的長老們則藉此機會不忘為孫子輩鼓勵好好念書，將來做個有用的人。

會場內人潮不斷，提著花環或以篩子盛花環的婦女們忙進忙出，為在場的長老們佩戴，只見場中長老頭上、脖子上戴滿著花環，一圈又一圈，層層疊疊，有的高達十來個，把上半身都掩蓋住，僅露出微笑的眼、口，族人的習俗中認為，花環戴得愈多表示在部落的人望愈高，受到大家的尊重。

▌卑南族婦女
自製花環

　　花環的編織向來是卑南族婦女的手藝，手腳俐落的婦女通常獨自一人就可完成，自然的花朵選材自萬壽菊、雞冠花、三角梅、圓仔花，也用石槲蘭等，色澤包括紅、黃、白、橘、紫等，配合蕨類及草葉，用草藤編織串起，製作時會依花朵的明度彩度錯落搭配，以凸顯出花環的光采。

　　卑南族文化工作者林娜鈴表示，對於尊敬的長老會製作特別的花環致送，例如加入野芙蓉草，因為芙蓉散發的獨特香味，愈加重花環的價值與意義。這些素材卑南族人過去在家門前庭院都會種植，除了美化外，在祭儀或婚慶需要用時，隨時可就地取材，不過礙於生活環境改變，現在都必須特別去購買添置，才夠花環使用。

　　美麗的花環不但是卑南族婦女的裝飾，佩戴起來彰顯婦女婀娜多姿的美感，同時把它拿來尊敬老人家，傳達敬老尊賢的美德，置身在花海當中的長老們，能夠切身的感受到那份濃郁的人情味與心意，在族群文化傳承上更具有獨特的意義。

▌花環的創作

　　太麻里大王村屬東排灣族，但因緊鄰卑南族知本村，分布兩地區的族人，卻有祖先來源於「巴那巴拉樣」地區的傳說，相同的血緣、文化融合拉近彼此距離，其中傳統服飾及戴花環習俗就很相似。

　　大王村Qaljapang部落的族人卓銳光（1928-）1982年從新興國小退休，從小喜愛雕刻自娛的他，將傳統圖案及木雕裝飾家園。入口處設計了一塊石板，上面繪製了太陽紋，當中置入漢姓「卓」及蛇紋，並書寫了「家園、吾愛吾家」字樣。庭院的花木扶疏，彩色板雕分置其中，包括早期的人像、蛇紋動物紋等，更顯風味別緻。

　　近年來卓銳光陸續有增添板雕製作，2003年他的板雕作品，將現代太麻里地區排灣族男女服飾仔細描寫雕刻，再加上油漆上彩，栩栩如生，特別的是當中的人頭像，仍環繞著蛇紋，頭上盤繞的卻以菱形條狀紋近似蛇紋的裝飾，卓銳光解釋，這是他看電視上日本人的裝扮而刻畫的。

　　此外家屋外牆幾乎貼滿了卓銳光的各式木雕或繪畫作品，多半是著傳統服的人像、頭像，戴花環、著傳統服飾的妻子兒女隨處可見，頭上的花環，僅是幾團圓球形狀表現，簡樸大方，他雕的動物紋涵蓋蛇紋、山豬、狗等造形，拙趣可愛。

　　東排灣族的畫家丁枝尾（1965-），也畫了卑南族戴花環女孩的畫像，右手提著花環的女孩，臉上帶著笑意，似乎是往前跨步，可能是要將花環送給大獵祭返回部

▌卓銳光〈妻子的畫像〉
▌丁枝尾作品〈戴花飾的女孩〉（右頁圖）

落的年輕人，或者正在跳舞的長輩，這是卑南族敬老尊賢或表達敬意的一種最直接的方式。

▎波蒂切利的〈春〉

義大利烏菲茲美術館內收藏的文藝復興前期重要畫家波蒂切利（Sandro Bottcelli,1445-1510）著名的油畫作品〈春〉，它與另一幅作品〈維娜斯的誕生〉幾乎是到烏菲茲美術館必看的展示，同時也是無價的鎮館之寶。

出生於義大利佛羅倫斯的波蒂切利，小時候父親曾送他去學金工手藝，後來受到梅迪奇家族及教皇的賞識而到羅馬創作，〈春〉則是他特別為梅迪奇家族而畫的作品。

〈春〉的內容描繪了「大地春回」的景象，整張構圖從右到左，分

別由寒冬走出來的花神嘴裡咬著花朵，表示春天的降臨，春神「波瑟芬」更是從頭到腳全身上下佈滿了花朵，象徵著春天的美麗。畫面中央的愛與美神維納斯、左邊則是代表女性美德的美惠三女神，她們以愉悅的心情、優雅的舞蹈一起迎接春天的到來，整幅作品宛若描述著人類浪漫愛情般的清新，而居中的關鍵就是維納斯。

除了人物以外，作品上下無論是森林內晶瑩的果實與草地上點綴的花朵，都充滿著季節交替後萬物一片欣欣向榮的氣象，似乎可以聞到春天的氣味。

波蒂切利畫出美麗的春神，身上一襲柔軟飄逸的衣裙，細緻的繡花，妝扮出迷人的風采，同時頭上與頸上佩戴的花環更是襯托出春神讓人讚嘆的唯美形象。

對話──神與人的花環

波蒂切利以花環來裝飾春神的方式，令人驚艷，且有似曾相識的感覺，沒想到遙遠的東方台灣島上，就有一個小族群──卑南族原住民，他們流傳著佩戴花環的文化，好像彼此間有某種共通的愛好存在一樣。

以各種花卉裝飾來增加身體美麗，是人類共通的行為，從波蒂切利的春神妝扮，頭上與頸上佩戴的美麗花環，十分動人，可以看出最少在15世紀時期，西方的藝術表現，就習慣將這種美麗的裝飾，用於描寫神話人物，並賦予美感的象徵；卑南族人則是以傳承戴花環的習俗，把花環意義與功能充分發揮，可見美麗的花環，不論是神或人都喜歡。

▌波蒂切利在1482年以蛋彩與白楊木板完成的〈春〉
203×314cm（左頁全圖與右頁局部）

奇特的帽飾

魯凱族的花葉帽

在魯凱族或排灣族部落的日常生活中，經常可以看到老人家頭上戴著花瓣與蕨類草葉做成的頭飾，這種特殊的帽飾，不僅具深具美感，還蘊含民族生活經驗與智慧。

居住於霧台部落岩板巷的魯凱族人擅於裝飾技術，無論石板屋建築的雕刻裝飾或生活日用品的雕琢、傳統服裝，都講求精緻美觀，老一輩族人平時習慣戴頭巾裝飾，並在布巾內襯裡，放上野生的香花、草葉等植物，兼具裝飾效果，更有冬暖夏涼的保溫與散熱及嗅覺效果的生活智慧。

過去族人在山上工作時，就地應用植物素材，保護身體，尤其是頭部避免日曬或冷風吹襲，是流傳下來的經驗和常識。例如在冬天裡採取野薑花、假酸漿葉等植物，放在頭巾內襯裡，就有保溫的功效，讓頭部獲得保暖。而炎熱的夏天，高溫悶熱常使人頭昏腦脹，這時放置萬壽菊、九層塔等植物，可以清涼消暑，還兼具防曬作用。

這些獨特的知識和裝飾表現，被族人應用在日常生活裡，逐漸成了美觀與欣賞的一種頭飾文化，也是民族特有的美感行為。

▋ 魯凱的草葉帽
（上二圖）

排灣族蚱蜢帽飾

進入東排灣社區活動會場，一群族人正在七手八腳利用葉片編織出不同的飾物，多半以趣味或者實用目的為出發。

利用月桃與椰樹類葉片為材料進行製作，族人將它的長葉片編織成一個簡易的頭飾，在頭飾前方正中央先編了一隻活跳跳的蚱蜢，周圍再交叉地編起了圓項圈，方便戴在頭上，整個感覺起來很自然味，也頗有原住民色彩。

我戴上了一頂帽飾，那是另一種利用自然物的傑作，也是月桃葉片編成了大圓盤帽形狀，中間部分留了開孔，可以讓頭頂穿過，方便固定與遮陽，但是缺乏飾物造形，不免讓人悵然若失。

族人很快地整隊下場排成一列隊伍，戴著蚱蜢頭飾的和其他隊伍站在一起，格外顯得耀眼，我猛然發現到這是社區中有三個不同的部落，那個蚱蜢編飾是他們的標識，象徵著部落的凝聚力，裝飾下有其規範。

不同的部落共同居住在一個社區裡，活動要具備有共識的意義，大會巧妙地利用傳統的葉片編織技巧，設計了共同使用的自然帽飾，就是圓盤狀的帽飾給來賓，一方面尊重傳統，另一方面也有別於部落獨特的造形，用心良苦，也兼顧了各方需求。

天氣很熱，戴著大圓葉帽，臉上感覺到有些涼意，這種自然帽子果真有其效用，看著戴著蚱蜢帽的族人，體會那象徵著部落向心力的帽飾，也許當中的意涵是不能輕易買到的。

▌排灣族蚱蜢帽飾（上圖）
▌東排灣婦女編草環（下圖）

■ 賴合順
〈祖先人像〉

■ 豬牙冠飾

排灣族傳統的頭冠，多半以山豬牙來裝飾，組合成圓弧的冠型，戴在頭上顯得很威嚴。排灣族老雕刻家賴合順（1937-），1962年起跟隨著父親學習雕刻，由於傳承老一輩的雕刻技法，使得賴合順的技法和雕刻造形，保留住原有面貌，在原住民木雕風格不變的今日，反而顯得稀少。

〈祖先人像〉作品，賴合順仍沿用傳統造形雕刻，在一塊木頭上，前後各刻了雙手舉向肩膀、雙腳微彎的人像，臉部的五官簡化成弧形和圓點線條，兩者背向組合，成為雙面人像的形式，介於板雕與立體雕刻手法。

賴合順從事木雕工藝甚早，作品也早為各機構、收藏家購藏，2003年還榮獲第一屆中華汽車原住民工藝獎雕塑組第一名。

■ 亞晉波德的〈春〉

以花草來做為裝飾是極普遍的事，但是完全以花草、果蔬來作畫，而且組合成栩栩如生的人像，可就十分特別了，藝術史上就有一位藝術家亞晉波德（Alcimboldo,1527-1593），有這種能耐。

亞晉波德出生於米蘭，1562年遷往布拉格，擔任哈布斯王朝的宮廷畫家，設計劇院並受封爵位。他最著名的作品──春、夏、秋、冬四幅側面人像，充分發揮聯想和創造力，以當季盛產的水果、花卉和蔬菜描繪的人像，雖然乍看覺得有些怪異，但它卻宛若季節肖像畫。

以亞晉波德的作品〈春〉為例，其實以帶著笑容的「花人」來形容，比較容易掌握，這幅畫裡，擺滿了各式花朵和草葉類植物，甚至連邊框都以藤蔓植物花草編製，唯一的空間僅剩下人物與邊框的黑色襯底罷了。

他巧妙地使用花卉野草的形
狀、顏色來搭配，整體是一幅側
面的人像畫，分開來卻是不同的
花卉果蔬，例如頭上的冠飾，是
集合了各類大小花卉所編織而
成，衣領的裝飾以白色的碎花組
成，衣服是綠色植物組合。膚色
部分以白色到粉紅色盛開的花朵
排列組成，臉部的花朵選擇彩度
高、色相一致的花為底，鼻子是
百合花的花苞，耳朵是一朵鬱金
香，與眼睛、嘴巴部分皆另尋不
同顏色的彩度、明度的花瓣來配
製，所繪製的畫是相當奇特且讓
人印象深刻的。

亞晉波德用他敏銳的觀察
力，組合、拚貼自然物，讓我們
的身體感官與

▌亞晉波德1563年的油畫〈春〉　76×64cm

自然之間直接展開對話，這種獨步的思維到21世
紀的現代仍然受用無窮。

▌對話──花的用途

人類從原始部落時期就懂得裝飾自己，從考古
資料上可以看到許多玉石、金屬等材質製作的飾
品，按理使用植物花草應該是很自然的事，只是花草

▌排灣族兒童帽

植物易腐爛，所以才會以各種材質仿製成花草模樣的飾物留傳下來。

帽飾的歷史應該也很久遠，魯凱族的花草帽飾既實用又可保護頭部身
體，是很環保的做法，至於亞晉波德的「花人」則是把花卉應用更加拓
展，提升我們的藝術視野。

醫生與藥草

▌布農族人的幸運草與毒草

　　長久以來，布農族人活動區域在高山，對於植物與動物有其獨到的智慧，野生藥草的幸運草與毒草就是一例，巫醫也經常應用藥草驅邪或治病。

　　一種稱為gan（菖蒲）的植物，它是族人的幸運草，會散發出一絲獨特的香味，海端鄉布農族人邱美花說，往昔小孩子長大成人，第一次要出遠門時，母親會將這種葉子在嘴裡嚼碎，然後放置在孩子頭及肩膀上，口中默念「此後你將長大成人，朝人生大道出發，希望這個植物能為你開路，帶來順利、趨除惡鬼，讓周邊的族人一起祝福你」。

▌布農族haiza項鍊

　　邱美花說，菖蒲這種植物多是女人的物品，男人不可以碰，否則狩獵時將獵不到野獸，婦女們則將菖蒲的根切段、穿洞，再加以曬乾，然後串成項鍊，請巫師施法，稱作「haiza」，可以保佑族人平安。

　　另外一種「毒空木」的民族植物，是一種毒草，布農人很早就利用它來做為「自我了斷」的物品，過去布農族人重視倫理道德，如果男女不軌的事被發現，族人會在部落強大的壓力下，選擇自我了斷一途，通常是吃了毒空木草加上小米酒，這種植物有麻痺性，吃了之後在酒精的催促下，人會在睡眠中昏死。

　　幸運草與毒草，只是布農族人日常生活中其中的一項民族植物而

▌同為原住民的另一族──卑南族巫師施法（左圖及右上圖）　　　　　▌卑南族巫師的巫師袋（右下圖）

己，布農巫醫也普遍使用各式藥草，施法驅邪、醫治族人病痛，但從日治時期到光復後，一連串的部落遷移，使得族人失去了傳統的生活領域，遠離高山環境，生態環境改變，對植物智慧的傳承也逐漸消失。

▌布農巫師與芒草

　　布農族人相信人、物與土地都有hanido（精靈），傳統上有一種專為族人驅除污穢、祈求平安的「驅疫祭」（Lapaspas），約在4月舉行，家中先釀製小米酒，當天家長清晨就去摘取Lanlisum或kaitalin草枝回來，分給每位家人，在瓢瓜製的勺子裡沾清水，再象徵性地擦拭眼睛、臉及身上。口中念著：「壞精靈與病魔離去」，接著再以同樣的草水在屋內、豬舍等

灑祭，驅逐病魔並祈求人畜健康，最後將草水扔到屋外，完成儀式。

巫師為族人治病則是用padan（芒草）趨除惡精靈，台東縣延平、海端鄉的布農巫師施術的過程，一邊由口中念著咒語，一邊揮舞手上的芒草為病患驅邪。然後再以芒草拍打患部，用嘴吸出病患身上的惡靈。

有時候病患的病情較嚴重，必須使用刀器，巫師用全身的力氣在病患的頭部，刀器相互磨擦和交叉，發出聲響，配合口裡不斷唸著咒語，要趕走帶來疾病的惡靈。

接著用祭品餵食惡靈後，拿著芒草的巫師再帶著不斷拋灑石灰等物品的助手，向外頭示威，象徵作法結束，布農族人相信，鬼會怕刀，用這種方法可以把它們趕跑，讓身體恢復健康。

▌巫醫雕像

東排灣族的木雕家林德旺曾根據布農族的巫醫為族人治病趨邪的情形，雕刻了一座大型木雕作品，巫師舞動著手中的芒草趨除惡靈，族人則圍在一起，場面極為肅穆而祥和。

而早期卑南族巫師，分為擔任儀式中的祭司角色外，另有一種「巫醫」，為族人解厄看病，讓病人得到舒緩，類似心理醫生的功能。

▌布農巫師施法

建和部落頭目木雕家哈古，雕刻過施法的女祭師，她高舉右手，口中念念有詞，另一隻手則握著祭物，身旁立著一位小朋友，恭敬地捧著篩子，上面擺著祭祀品，生動地傳達了祭師的角色。

卑南族巫醫施術時，從隨身帶著巫術袋中取出裝有細鐵沙、磚粉的粉末，口中念完咒語，在病人頭上按幾下，然後含水到戶外將水噴出，

表示把病痛丟掉；接下來將剖開的檳榔片，邊念咒邊整齊地排列於戶外祭場上，才完成整個巫術過程。

卑南族雕刻家Sawaan（初光復）有一件石板雕〈巫醫雕像〉，刻畫著一名巫醫拿著巫術袋子，好像正要出門行醫的樣子，這是雕刻家為族人雕像的模式，以同樣的技法，他也刻下了勇士像石板雕，兩件石板雕刻放在一起，頗有雕刻家個人的風格。

▎林布蘭特的〈杜爾普醫生的解剖課〉

〈杜爾普醫生的解剖課〉是描繪西洋醫學早期外科人體解剖手術的一幅畫作，相當真實而不血腥的解剖場面且讓人印象深刻。

林布蘭特（Rembrandt,1606-1669）生動地描寫杜爾普醫生一手持手術刀，剪開死者左手臂肌腱，一邊講解給圍繞在四周的學生們聽的情形，學生們個個專心聆聽，專注的眼神和趨向前欲看清或聽清楚內容的渴望表情流露無疑。

一生留下許多自畫像，被稱為深入靈魂的肖像畫家林布蘭特，他以擅長的群體人物畫像聞名，除了一慣寫實的掌握

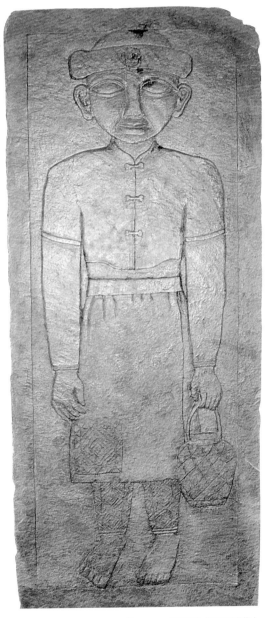

▎Sawaan石板雕〈巫醫雕像〉

外，也充份發揮了他所創下的聚焦及舞台聚光效果的構圖，像這幅〈杜爾普醫生的解剖課〉，光線直接打在解剖台上的屍體與人物臉上，精準地聚集在他們的專業上，流露出追求科學知識的精神。

林布蘭特1632
年的油畫〈杜
爾普醫生的解
剖課〉169.5×
216.5cm

　　荷蘭巴洛克時期畫家，出身富裕家庭的林布蘭特，十八歲向老師學
畫完成，喜歡畫宗教、歷史畫作，被喻為全才畫家，留下六百幅油畫、
三百幅版畫。其中林布蘭特喜打扮成不同角色來繪自畫像，也為他自己
每一個時期都留下了可以下註腳的自畫像。

■ 對話──醫藥的文化

疾病威脅一直是人類生存的基本問題之一，從醫藥人類學的角度，各民
族在演化發展過程中，對自己的身體與醫藥的認知有一套運行法則，疾
病與宗教和巫術信仰，有密切的關聯，因而人類的健康與醫藥知識體系
的建構，和文化是密不可分的。

■ 哈古的〈巫師〉
木雕（左頁圖）

布農族的藥草使用與〈杜普爾醫生的解剖課〉醫學的知識建立，乍看之
下並無關聯，但仔細分析，它們都在民族文化的基礎下，累積一套醫藥
知識系統，讓後代的我們得以應用前人的智慧。

惟現代醫學的發展，醫藥與科學充分結合，西方藝術也有這種趨勢，因
而呈現出開闊多元的面貌。

健康的膚色

布農族人的學校

　　認識多年的一對布農族朋友夫婦，兩人離開部落在外地打拚，生活小康安定，但是對故鄉總是懸念不已，同時希望下一代親近自己的母土，因此選擇離開都市，返回部落工作，兩名兒女也轉到了鄉下小學就讀。

　　沒料到第一天放學回家，小朋友向父母表示不想去上學了，母親再三追問之下，兒子告訴母親：「我不要去念那所黑人學校」。夫婦倆震驚地無地自容，一時之間也不曉得要向兒子怎麼解釋。

　　小朋友所說的「黑人學校」，事實上全校學生有90%以上是布農族原住民，這所曾經被選為布農族特色的學校，校園內建築頗為新穎，融合了布農族文化元素，處處可見傳統圖紋裝飾，揚名於外的「巴西布得布得（八部合音）」也是學校列為文化傳承的核心，堪稱布農族文化的教育搖籃，這樣的「模範」學校，居然被身上同樣流著布

▌布農族特色的學校
▌東排灣蛇紋的變體

農族血源的下一代稱作「黑人學校」，難怪布農族友人夫婦大嘆「愧對祖先」。

「我們是同胞」與「龍蛇相遇」

卑南族創作歌手陳建年有一首歌曲「我們是同胞」，十分平易近人、旋律動聽，演唱時候帶動起大家的熱情，跟著「吼嗨洋」，好比是新一代的「我們都是一家人」的翻版。

「我們都是一家人」由卑南族近代民謠之父陸森寶填詞，高子洋作曲，70年代藉著當年救國團營隊的推廣，流傳全國各地，儼然成為族群融合的代表性歌曲。

二、三十年後，年輕世代接棒，陸森寶的外甥陳建年（1967-）看到了同部落的人類學家林志興（1958-）的詩作「我們是同胞」，靈感乍現譜了曲，創作了這首家喻戶曉的歌曲，當我們聆聽到歌詞裡的「山地人也好，平地人也好，我們都是這裡的人民。先住民也好，後住民也好，我們都是這裡的住民。」好像是對著我們溫馨的呼喚。「我們不是敵人，所以，請你要尊重我，讓我來欣賞你；因為，你曾在佛前跪，求千年的緣，我更在主前，應許萬年的諾。」又好比無論是拜佛或信主，我們都有充分的信仰理由，彼此應相互尊重。

▌陳建年演唱「我們是同胞」

最後的旋律，藉由族人的合音與應喝，高潮迭起，「我們是同胞，ho-hai-yan，ho-hai-yan，ho-ho，he-he-ho-ha　ho-he，ho-ha-hai」更帶著我們融入原漢不分的境界裡。

相對於我們是同胞的意境，排灣族木雕家林新義作品〈龍蛇相遇〉，相互對映很有異曲同工之妙，林新義受到寫實木雕

訓練經驗，讓他的作品中的人物或動物無不精準地表現。

龍蛇相遇，從造形上很容易看到，一個是漢民族信仰的龍圖紋，百步蛇則是排灣族或魯凱族的傳統圖紋，兩者交會相濡以沫，共存共榮，好像「我們是同胞」最好的印證。

▍馬奈的〈奧林匹亞〉

馬奈（Edouard Manet,1832-1883）出生巴黎富裕家庭，他曾經兩次報考海軍學校未被錄取，轉而向柯杜爾（Couture）學畫，並臨摩過提香、德拉克洛瓦等前輩畫家的作品，馬奈沒有沉醉在古典大師的影子裡，卻積極創造自我表現方式，其中將流傳畫中棕褐色調背景加以明亮表現的他是創始者。

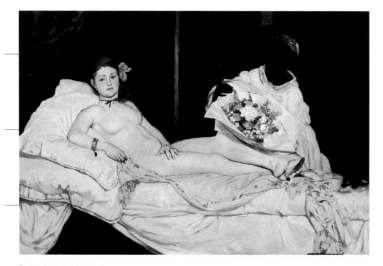

▍馬奈〈奧林匹亞〉
1963 130.5×
190cm

1863年馬奈畫了〈草地上的午餐〉，畫著兩位衣冠整齊的男人和一位裸體的女子在森林裡席地而坐，另一名女子則在遠處洗滌，如此一個驚世駭俗的畫作在展出時，遭到無情的批評與排斥。

馬奈之後於1865年推出〈奧林匹亞〉，畫一名裸體女子，一旁是黑人侍女手捧著一束花，這兩張畫於沙龍展出時引起相當大的震撼，主要是與當時保守的社會風氣有關。我們以提香1538年的〈烏比諾的維納斯〉作品來做對照，大致可以看出為何會引來這麼大的風波，提香作品畫面描繪的維納斯優雅地躺在床上，遠處有一位服待的女僕。馬奈的〈奧林匹亞〉則是斜躺的女人，耳邊插著一朵紅花、脖子上繫著絲帶，穿著鞋子躺在床上，衣物則披露在床邊，兩張畫構圖相近，但是明顯地

馬奈的維納斯呈現的是無拘束的率性,甚至於輕佻與無視一切,對於保守的社會自然是一大挑戰。

馬奈以僱用中下階級黑人女僕為模特兒進行繪畫,他企圖明顯,想藉著描繪主題的黑與白色,在光線下呈現的微妙對比,迥異於古典的表現方法。馬奈認為是憑著感覺作畫,並沒有刻意去創新畫派,但是他的畫作還是影響了印象派畫家,如莫內、雷諾瓦等人。

對話──健康的膚色與族群融合

從「黑人學校」外表看起來因為膚色問題,好像是永不褪色的烙印,刻板印象如影隨形,直接或間接地影響民族自信。

在民族文化的視野裡,原來就有二元對立的邏輯思維,例如日-月、男-女、我群-他群等對比的認知層面,一旦演變成群體問題和民族對立關係,恐怕複雜棘手;「我們是同胞」、〈龍蛇相遇〉則已經跨出一大步,包容與尊重開始主導著審美觀念發展。

以〈奧林匹亞〉畫作為例,馬奈以中下階級女人為模特兒進行繪畫,僱用黑人女僕,應是當年法國

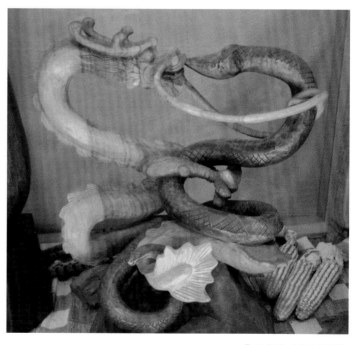

▌林新義〈龍蛇相遇〉

的社會現象,並無意掀起黑白種族的問題,當然如果刻意由外觀來強調隱含的民族差異或帶有歧視意味,難免會激化民族的意識,在多元文化的潮流裡,健康的膚色與族群融合的觀念是大家都要修習的課題。

小米與小麥

▌布農族小米播種與收穫祭

早期布農族人的農作以maloh（小米）為主食，人與小米有緊密依存關係，彼此地位相等，從生活與祭儀上可以看出這層意涵。平時在天未亮前聽到公雞叫，族人就起床舂當天要吃的小米；歲時祭儀也依小米生長季節相配合，從小米播種祭、除草祭、小米收穫祭、打耳祭到進倉祭，儀式完整並依時序運行。

布農族人相信人、物與土地都有hanido（精靈），在小米播種祭前，巫師先透過夢占，由身體上的精靈與土地的精靈相互溝通，決定可以在土地上播種。傳說中，葫蘆是出生源頭，因此在播種祭時，長老將祭祀用的小米放在葫蘆裡，讓一切回歸到起源點，再將小米倒出來，分給所有在場者，準備播種，然後在長老的帶領下，共同撒下種籽，完成播種。

小米成長階段有相當多的禁忌，成熟後，小米田地不可以隨便去採，否則會生病或死亡；到了6、7月間，屆採收前夕請巫師到小米田來祈福，巫師以專用的祭器搖動著，口中念著咒語，使用的祭器稱為lahla（拉合拉），以細繩串起山豬的肩胛骨、大腿骨等，平時放在背包裡，俟使用時再拿出來。隨後巫師取下一束小米到主人家門口前，再以「lahla」祈福一番，表示將小米作物送到主人家裡來了。

這時「小米收穫祭」即可展開，主人家殺豬宴請親友，當天出發前再請巫師舉行祭祀，並帶著族人到小米田，由巫師拿著「布岡」草來綁小米，吩咐族人開始工作。布農族採小米以團體方式進行，下田時先高舉雙手，表示出自內心樂意加入採收，工作時則圍成圈彼此合作。

▌布農巫師帶領小米播種（圖一）　▌小米收成（圖二）　▌布農巫師為小米祈福（圖三）
▌布農巫師與法器（圖四）

小米採收時，必須遵守不說話、不隨便放屁、大小便、咳嗽、開玩笑等，甚至喝水都儘可能避免；所有的收穫要以「帕奇魯蘭」（背架）背送回去，這時巫師再施法，才結束整個祭儀。

▋布農族小米進倉祭

小米收成過後，舉行布農族人一年當中最重要的「小米進倉祭」，大約在8、9月間的凌晨過後才舉行，將收割好的小米，經過曝曬後由族人協力搬入穀倉內儲存，過程中必須請巫師或家中長老爬上架高的穀倉，並蹲在成堆的小米上，搖動手中的祭器「lahla」山豬骨串，口中唸著禱文「希望這些堆高如山的小米永遠吃不完」，同時殺豬祭祀，事後將豬血塗在穀倉內的柱子上，獻給小米的精靈，如此可以祝福來年豐收、家人平安，同時也反映出人與小米的「精靈」相互平等關係。

是項儀式過去不開放讓家族之外的人參加，在祭完後則設酒宴款待慶祝豐收。由於時代潮流改變，現今的布農族人早己不時興「小米進倉祭」的繁文褥節，儀式有時候可以在極少數私人祭儀或年度的打耳祭活動中，用表演的方式讓年輕輩了解前人的習俗，此外就很難看得到了。

雖然儀式罕見，不過布農族人喜歡儲存小米的習慣倒是沒什麼改變，用小米做成各項食品的手藝也很發達，例如釀製小米酒、煮小米粥、小米糕等等均相當出色。

另外，傳統上布農族人的住家空間，也以「小米倉」位置最為重要，進入中央大門、客廳後方即是專屬的小米倉，除了儲存豐富的小米外，還擺放著小米種，平時家族成員以外的人不准進入，否則家中會遭到意外。

布農族人的傳統觀念認為擁有小米倉的建築才稱得上是「家」，同時娶進門的媳婦必須經過住在小米倉一段時間及通過祈福儀式才能正式納入家中成員，足見小米在族人心目中象徵的重要意義。

▋小米琉璃珠

小米與琉璃珠能夠結合嗎？這兩種不同性質的物件結合在一起，會

激盪出什麼火花，呈現什麼有趣的狀況？

　　台東原住民社區發展中心多年來推展原住民工藝，培育人才，並且提供場地讓原住民手工藝品能夠陳列展售，並且讓從事藝術創作的原住民有一處平台，發揮個人獨具的才藝。原住民社區發展中心藉由部落的傳統工藝精神為基礎，經由當地多元族群文化的相互交流、激盪，融會出各族群的特殊美感工藝成品。「小米琉璃珠」即是一個例子，它是利用橘、黃等色澤小珠，聯結串成小米串，再以顏色絲線捆綁，配合大顆琉璃裝飾，就成了一條項鍊，做為實用的紀念品也很合適。

　　以生產作物做為創作題材，結合兩種不同性質的物件，化為可以親近的藝術或工藝品，應該是現代社會多元創作的一種現象，對創作者而言，也是一種極富趣味的考驗。

▌小米豐收的創作

　　小米豐收是部落裡的大事，東排灣族土坂部落畫家丁枝尾的作品〈小米豐收〉，刻畫的是婦女族人在小米田收穫，滿臉笑容的滿足表

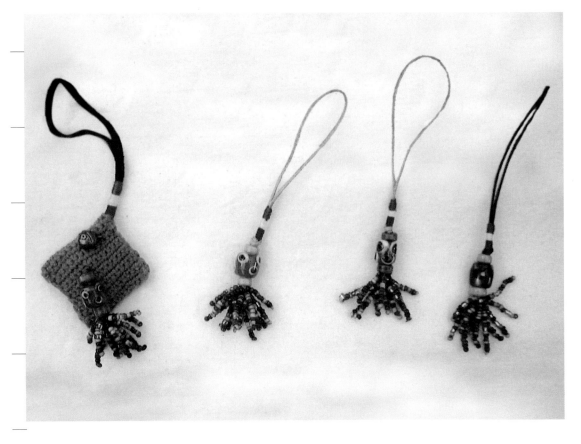

情，以生動寫實的油畫來表現，突破一般對原住民創作的印象。

排灣族與卑南族木雕家沙巴里、哈古都雕刻過小米豐收的作品，有的是以傳統大木桶裝滿小米的印象、由老牛拉動滿車的小米，都是描寫長久以來族人渴望小米豐收的心情與喜悅。

▌梵谷的〈麥田群鴉〉

梵谷（vincent ven gogh,1853-1899）是後期印象派畫家中，命運最坎坷、最富悲劇性的畫家，他強烈個人色彩與糾結筆觸的作畫方式，讓後世人印象深刻，尤其中晚期作品所呈現的大地景物與人物，幾乎是投入生命的熱情所換來的。

生於荷蘭的梵谷，父親是一名牧師，年輕時期梵谷也曾經懷有憧憬，憑著一股熱忱與理想，深入鄉村礦區了解民生疾苦，從他的畫作〈食薯者〉中，描寫一家圍坐在昏暗的燈火下一起用餐的情形，可以看出雖然家貧，但充滿溫馨的感覺，可能也是梵谷心中追求和嚮往的。梵谷盡一己之力想要幫助苦難心情，顯然受到現實的壓力，最後落得無力

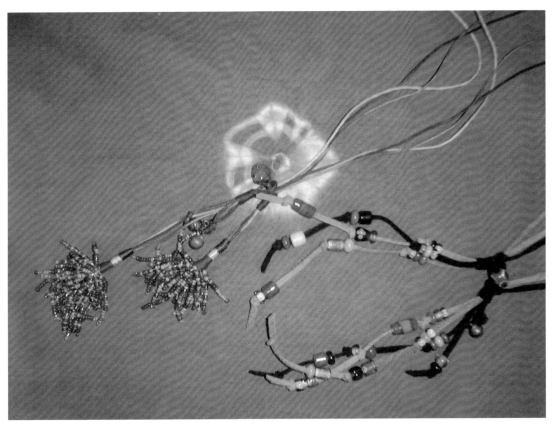

小米的琉璃創作（上二圖）
哈古的木雕作品〈小米豐收〉（下圖）

且無奈地離開。

梵谷悲天憫人的胸懷並沒有因此消失，他選擇繪畫做為目標，對鄉村土地、人事物等題材，表現尤為凸出，他喜愛繪麥田、太陽花田風景，晚期待在南法「亞爾」、「奧維」時，舉目所見儘是金黃色的麥田，讓梵谷不停地創作，畫中大量出現了黃色，就像是等待農人收割般。

不過命運多舛的梵谷，幾度情感受挫，連好朋友高更也與他起爭執離開，梵谷精神狀態極度緊繃，表現在畫作上的筆觸日漸強烈的不安，漩渦狀紋路，盤繞在樹上、天空、大地，幾乎無所不在，像是永遠釐不清的糾葛；他的心情如同在烈日下燃燒的火焰，高溫灼熱，隨時會引爆崩潰，這也是梵谷式風景的獨特風格。

奧維是梵谷生命的終站，他曾經在當地「拉維咖啡屋」住了兩個月，發下豪語，「總有一天，會在這咖啡屋裡開畫展」，沒料到〈麥田群鴉〉卻是在此地留下人生的最後一張畫，大片金黃的麥田不安定地浮動著，藍黑色的天空顯得讓人喘不過氣來的鬱悶，加上飛翔的烏鴉，似乎籠罩著不祥的徵兆，果然，梵谷在畫完這幅畫後，舉槍自盡。

梵谷說：「為了作畫，我付出全部生命，我的理智因而崩潰泰半。」

藝術家短暫的生命，卻為後世留下了珍貴的藝術遺產，思考他在世時真實而熱切的情感，和一顆孤獨而殘破的心，絲毫打不斷他對土地的歌頌，死後他的墓地就在這一大片麥田附近。

對話——小米與小麥的光芒

過去小米也是台灣原住民的主要作物與食物，幾乎各個族群都有依小米為核心形成的生活與祭儀，形成獨特的族群文化，從藝術創作的角度來看，它是現代原住民藝術家創作不可或缺的題材。當然，不少祭儀流傳下來的展演方式，其實就是自然的藝術表現。

小麥則是西方社會的重要農作物，千百年來除了滋養人們的生命傳承，也讓文學、藝術家歌詠，不斷有優美的作品傳世，如同〈麥田群鴉〉不惜以生命的熱情投入，激起美麗、動人的篇章。

小麥與小米在不同的族群身上顯示出重要依存意涵與生命層次，化為藝術作品後更凝聚土地與人的情感，直接將精神、智慧昇華到極緻，在人間發出永恒的光芒。

▌小米田景色

聖潔的百合花

█ 魯凱族的結拜儀式tuatalaki──佩戴百合花飾禮

　　金鋒鄉嘉蘭村魯凱族人於1997年4月1日舉行一項別開生面的傳統「佩花結盟」儀式，促成該項古禮再現的長老們眼見族人高昂熱情和願望實現，不禁眼眶濕熱。

　　「佩花結盟」儀式是魯凱族中十分難得的古禮，在階級分明的魯凱族社會，一般平民透過向大頭目貢禮豬隻、小米酒、米糕，再由頭目回賜花權，可以買百合花飾權的佩戴（kialidao），至於結盟、結親也可以藉佩戴花飾儀式上舉行，例如結婚儀式（maludaludang）、假結婚儀式（muapalapalang）、結拜儀式（tuatalaki）等，這些儀式被認為是魯凱女性生命儀禮重要一環，也深深地影響族人。

　　在教育界服務的陳參祥（1959-）老師一直致力恢復傳統魯凱族的習俗，同時以身作則，在現代社會價值觀巨變的情況下，他的執著獲得許多人的讚揚，佩花儀式則是實現了興建石板屋之後的另一個夢。

　　陳參祥説，魯凱族男女佩戴百合花有很大意義，男子須獵取六頭以上大山豬，女子則必須要經過買百合花飾儀式及具良好婦德操守才夠資格佩戴，如不遵守規則，頭目及有戴花權的貴族可公然拔下百合花，以示懲罰。

　　陳參祥表示自己家庭為一般平民，母親從小沒有透過儀式戴百合花，心中一直引以為憾，雖然太太是貴族，但身分是排灣族人，因此在女兒陳師涵十歲時要求循古禮佩戴百合花。

▌女方家舉行盛大宴席歡迎

為了舉行該項活動，部落裡頭目曾召集長老會議討論，決議必須遵守魯凱族的規矩，因此促成了這次佩花儀式，結盟的對象是同村的青年阮志雄。雙方家庭各自忙碌了一段時間，包括製作「阿拜」美食、殺豬，準備結盟聘禮，含檳榔串、荖藤、木頭、花環、甘蔗及傳統服飾、佩件等，繁複的禮節如同訂婚制度，缺一不可。

4月1日上午，女方家在拉冷仍部落精心佈置了會場，包括長老席、佩戴儀式場地、宴會場、表演場等，8時過後來自各地的親友陸續抵達，約百餘位族人在廣場上歌舞，迎接男方親屬到來。

10時許，男方家人攜帶大批聘禮抵達，放置在會場中央，雙方家人介紹佩花的兩位主角及結盟的經過，並為男女主角換上準備好的傳統服飾，戴上插有百合花的帽冠，現場親友們再以歌舞來祝福。

整個儀式溫馨且充滿感情，陳參祥擁抱著女兒陳師涵，流下

▋ 結親的男女主角
▋ 長輩為小女孩佩帶百合花
▋ 父親為完成佩花儀式喜極而泣

感動的淚水，為了這一刻他已等待了十年，終於完成夢想，現場許多老一輩族人眼見此情形，也不禁眼眶濕熱。

這場難得的佩花結盟儀式，為了感謝大家的盛情，陳參祥也準備了十數桌的宴席請所有親友分享這分榮耀。依過去傳統，男女雙方經過佩花結盟儀式，除了屬於平民的一方可以有戴百合花的權利外，男女可互相交往，如果感情順利，將來更可以親上加親結為連理，現代則不硬性規定，因此有部分族人稱它是訂婚儀式。

▌母親的百合

2003年夏季，金峰鄉新富部落的東魯凱族人為了讓女兒擁有佩花權，十分慎重地舉行「gialilauw」儀式，一星期前就開始準備了豐盛的小米、豬肉、avai、甘蔗等禮品，在族人合唱古老的歌謠聲中，女頭目為小女兒佩戴上了百合花環，抱著女兒的母親則感動地頻頻用手帕擦拭眼淚。

年輕的母親說，她三歲時，她的母親曾為她舉辦了佩戴百合花儀式，基於疼愛女兒的心情，現在她再度邀請頭目及親友一起來見証，當年的老人家現在都還在陪伴她，仍不計一切地幫助她做avai及食品，盛情讓她很感激也無法回報。

母親堅持要用母語轉譯她的心情，她說「如果老人家沒聽到就沒意思」，坐在台前的老人家早已忍不住頻頻拭淚，只不過年幼的小女兒似乎不懂母親的用心，哭鬧著要摘下頭上突如其來的煩人花冠。

這場感人的盛會還是一場跨族群的文化交流，小女兒的父親是阿美族人，對於佩花儀式，他說「都聽太太的」，由於居住地是東排灣族的土地，請來的頭目也是排灣族，可以體會魯凱族人在生存環境中的通融。

小女孩的祖父則用了一個十分有意思的比喻說，佩戴百合就如同「剎車」一樣，告訴年輕女孩要懂得潔身自愛，不要隨意和男子同居，犯下不可告人的姦淫罪，否則村人就會取下百合花佩戴權。

▌百合花甕

正興村魯凱族的 Aulin（沙桂花,1946- ）擁有一手好刺繡手藝，1995年接觸陶藝後，製作了大量陶甕作品，包括傳統甕形制，另外也有自己創作的陶甕作品，〈百合花甕〉成為族群認同的象徵。

由於長期在排灣族部落內生活，排灣族文化成為強勢，1970年代移居到正興村的魯凱族成為少數民族，年輕一代甚至連魯凱母語都不太會講，讓第一代移民憂心不已。

▌Aulin的〈百合花甕〉

當正興村發展陶甕做為凝聚社區向心力時，沙桂花等多位魯凱族陶藝家在同樣製作陶甕，總會加入屬於自己的魯凱族文化元素，〈百合花甕〉是一個實例。沙桂花説，魯凱族人愛百合花，百合已成了族人的聖花，創作時自然會考慮用自己喜歡的文化特色。

▌慕夏的〈百合聖母〉

生於捷克的慕夏（Mucha,1860-1939），1895年在巴黎以畫歌劇海報成名，他畫的海報及如詩如夢的美女，無論表情、動態均十分生動，結合搭配的花草、服裝與飾物，呈現了萬種風情、優雅漫浪的畫面簡直是美神的化身，加上慕夏擅長設計珠寶首飾，將實用藝術發揮到完美的地步，在當年應該是時尚的代表。

以族群文化之美觀點來欣賞慕夏的作品其實是非常豐富的，在他的筆下斯拉夫的女子透露著獨特的魅力與美感，像〈抱著蘋果的克羅埃西

亞女子〉，畫了一位身穿傳統服裝與頭飾的美麗女子，以坐姿雙手持著
一盤蘋果，露出明亮動人的眼神，是一幅精彩的作品。

　　〈百合聖母〉是慕夏代表性的畫作之一，這件大型作品畫面上盛開
的百合襯托著一前一後的少女，前者坐著，頭戴花冠身穿傳統服飾，側
著頭凝視前方，後者站立雙手疊在衣領口，披肩的長髮，配合衣袖長

袍，優美的構圖與氣氛，尤其是畫家選擇百合花環繞在人物周圍的畫面，烘托出濃郁的宗教信仰與崇高聖潔氣息，表現出純潔無瑕。

1905年慕夏完成了這幅作品，據說坐姿少女的容貌與他的女兒Jaroslava十分相似，只是Jaroslava是在1909年才出生於紐約，畫家居然神奇地在十幾年前就預先將其容貌畫出來了，畫中的人物造形、百合的象徵意義，恐怕代表著畫家心目中純潔完美形象。

隨後慕夏到紐約教書創作，但是他最愛的是自己的祖國捷克，族群的認同，讓他晚年毅然決定返鄉定居，並創作了〈斯拉夫史詩〉大型創作，以「斯拉夫民族的祖居地」、「斯拉夫的節慶」、「斯拉夫宗教」、「波西米亞王」等為題材，繪出了膾炙人口的作品。

▌對話──聖潔的百合花與象徵符號的傳遞

人類學家葛茲（Geertz）認為人以象徵性的符號傳達行為的意義，同時累積生存經驗、代代相傳下來，因此我們要了解一個文化現象，透過原來的脈絡來了解就相對容易。

百合花圖紋在魯凱族部落隨處可見，從過去到現代，不少族人都以戴百合花為榮，象徵魯凱族人追求貞潔傳統的古老儀式，凸顯出百合花在族人心目中的重要性。與慕夏的〈百合聖母〉作品聯想起來，象徵聖潔與榮耀的百合花似乎可在西方宗教與魯凱族人的信仰上畫出等號。

▌百合花大型刺繡

衣服的奧秘

噶瑪蘭族的香蕉絲織布

　　花蓮縣豐濱鄉新社村，Lalaban（拉拉板）山腳下，約有八十餘戶三百多名噶瑪蘭人。1990年代起，老一輩族人重拾編織手藝，嘗試找回傳統香蕉絲編織，這是台灣其他族群所沒有的特色，噶瑪蘭族藉此做為文化復振的象徵。

　　噶瑪蘭族是2002年12月才獲得正名為第十一族原住民的平埔族群，世居宜蘭蘭陽平原，清代嘉慶年間吳沙入墾後，與漢人、泰雅族人發生多次磨擦，族人遂乘坐竹筏南下，遷居花蓮；1878年發生「加禮宛」事件，噶瑪蘭人被迫再往南遷至東海岸及縱谷區域，目前尚保存了噶瑪蘭族語言、風俗，如新年祭祖及豐年祭、海祭等傳統文化。

▌剝香蕉纖維

　　以織藝而言，四、五十年前族人尚看過婦女織布的印象，穿香蕉絲衣也曾是部落裡普遍的現象，除了衣服外，過去族人所使用的背袋、繩索等等，均是利用香蕉絲製作的，一直到現代物資進入後才逐漸消失，整個部落也僅剩潘烏吉、朱阿比、潘阿玉等少數耆老記得該項織藝。

　　2004年新社部落經過多次討論、文史調查、耆老訪問與織藝研習等，成功地進行香蕉絲織布的文化重整，將分散各地族人的向心力凝聚起來，

整經

噶瑪蘭的香蕉絲織布

在鄉公所的協助下，以傳統竹子、茅草混合牛糞為建材，重建聚會所（Suratan），並做為編織工坊、展示場。

香蕉絲布的材料，顧名思義是採用香蕉樹，砍取樹莖是尚未結成蕉的香蕉樹莖。在剝去表層後留下內層的莖皮，然後以腳踩住一端，一手則持刀小心翼翼地將莖皮的澱粉質刮除乾淨，以免留存的澱粉質產生腐爛。來回刮薄後剩下半透明狀的香蕉纖維，加以曬乾撕成細蕉絲，再接連成線，整理成一捆捆香蕉絲線。

織布需耗費大量體力、耐力、眼力，是相當辛苦的工作，噶瑪蘭婦女織布採取台灣原住民慣用的水平背帶織布機，過程簡單，織女席地而坐、雙腳伸平固定在木筒上，再從香蕉絲線中反覆不斷進行挑經、穿梭、緯線固定等，不時還得注意脆弱的香蕉絲斷裂，適時加以修補接頭，以免斷線。必須經過長時間努力，才可完成一塊質樸無華的香蕉布。

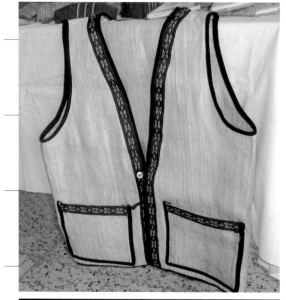

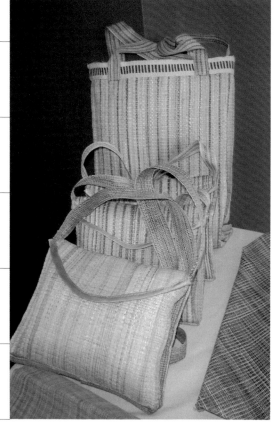

　　噶瑪蘭婦女回憶，織布技術多半非刻意學習，僅在小時候看著母親或長輩從事織藝，長期浸淫下自己也跟著模仿，遇到問題去請教、尋求解決，如此自然。

　　眼看新社部落的香蕉絲工坊，從無到有，在當中擔任籌劃催生的木枝・籠爻（潘朝成）感觸最深，他說「獨步全國的噶瑪蘭香蕉絲織布，香蕉絲材料是直接採用一年生左右的香蕉樹，因為絲質有韌性比較不易斷，而一根香蕉樹要花兩三百元，一塊布就需要好幾棵，加上手工難度高，要織成布其實是一件不容易的事，因此價格難免偏高，目前購買對象以日本人較多。」

　　木枝・籠爻表示，日本沖繩也產芭蕉布，當地不但保留了該項織藝，同時研發出精緻的織藝文化。這幾年他為了讓國人多了解，帶著族人四處奔走展示，同時為了能永續經營，他也不斷鼓舞族人研發符合時代的產品，期許開發、設計富有民族特色的新產品，為部落帶來長遠的發展。木枝・籠爻強調「質地素樸的香蕉布，除了製作服飾之外，其實也很適合製成有質感的產品，現階段在工作坊裡主要讓族人嘗試製作各式產品，培養自信與興趣。」

▎阿美族樹皮衣

樹皮衣是東海岸阿美族人早年重要的編織工藝，同時也是日常生活必需品，最近幾年則成為族群文化復振的代名詞，受到各界邀約前往示範製作，也凸顯阿美族人天然植物應用的實例。

都蘭部落藝術家Siki表示，傳統樹皮布以雀榕、構樹皮為材料，製作出的樹皮衣不僅防水，而且涼爽，早期阿美族人上山下海從事漁獵時，多半穿著樹皮衣，不過這項技藝在現代服飾大量進入部落後一度消失。

Siki說，獵人身上穿著樹皮衣，在山上打獵時不易被樹木枝葉雜草所割傷，有保護作用，過去部落裡舉行祈雨祭時，祭師也會穿著樹皮衣進行，很有與天地和諧溝通的意義。

2002年東河鄉都蘭部落頭目沈太木等人因應文化活動需求，在部落族人形成共識下，決定尋回失落的樹皮衣傳統，當年輕一輩族人著手進行向部落耆老們訪問和資料收集時，眼見該項古老手藝得以傳承，耆老們內心充滿安慰，主動熱心地參與提供樹皮衣的技藝與要領，帶動起部落整體的文化復振氣氛。

樹皮衣的製作過程雖簡易卻也需要耗費體力與耐力，首先將鋸下的樹幹分段，以木棒鐵鎚敲打樹莖，使樹皮脫落，把取下樹皮慢慢打薄，藉敲打的方式，一方面去除水分，也把纖維平整處理，有助於穿著使用。接下來將樹皮曬乾，婦女們依穿著需求，再將樹皮經過簡易的縫製，做出帽子、衣物或綁腿等。

▎香蕉絲衣（左頁上圖）

▎噶瑪蘭的香蕉絲織品（左頁下圖）

▎以香蕉絲製成的米袋

都蘭部落的樹皮衣推出後頗受外界的重視，由於是族人利用自然植物的傳統製作，引起大家的興趣，紛紛邀請前去示範或研究。都蘭部落族人也結合時代需求，開發了多項現代產品，包括手提包、背包、物品袋、書本護套等，很有回歸自然的風味，尤其是小背包，表面的樹皮經過多重處理，其堅固耐用性更高，也具有時尚感，受到不少好評。

▌塗南峰作品〈孩子的新衣〉

▌孩子的新衣

1999年排灣族雕刻家塗南峰，從都會區返回屏東來義家鄉待業，有一次看見朋友在雕刻，好奇地也拿起雕刻刀玩玩，沒想到接觸後產生了興趣，就一頭栽進了木雕世界，僅管生活清苦，但他一直有所堅持，使用排灣族傳統元素，讓作品像在訴說著一段段故事，或者以排灣族的觀點看世界。

作品〈孩子的新衣〉即很有排灣族的詮釋方式，在一棵彎月造形的木雕上，塗南峰設計一個戴著羽毛頭飾的人像，象徵排灣族的父親，在一旁則是小孩木雕形體，特殊的是孩子身上披掛了一條衣飾般的彩帶，塗南峰表示，每個孩子就像是受月亮呵護一般。

「給孩子穿最好的衣裳」應是天下父母親共同的希望，但是在物質缺乏時期，這項願望不一定順利實現，父母親也許要花費心力才能達成。塗南峰並非渲染衣飾的美麗，而是傳達出父親對子女的愛護心情，不論家裡經濟如何的困難，也要讓孩子穿上新衣，相對地也要讓孩子了解，好好珍惜得來不易的物質。

▌哥雅的「穿衣與裸體的瑪哈」兩幅畫作

在西班牙馬德里普拉多美術館內有兩幅相似的名畫並列在一起展

示，分別是穿衣與裸體的瑪哈，相當吸引眾人的目光，同時畫中的神祕故事迄今仍被人傳誦不已。

「瑪哈」在西班牙語中是淑女的通稱，這兩幅「瑪哈」畫作都是出自皇室御用畫家哥雅（Goya,1746-1828）之手，哥雅的筆下人物不僅限於宮廷，他的歷史畫、諷刺社會風俗等作品，獨特的風格與內涵，都深深地啟發後世的畫家。

畫家本人並沒有說明為何會有穿衣與裸體兩種表現方式，兩幅瑪哈非但躺臥的姿勢相同，表情面貌與擺設幾乎雷同，因此很多人懷疑她們根本是同一人。由於兩幅畫是西班牙宮庭大臣「哥多爾」（Godoy）的收藏品，所以繞著哥多爾的傳說也流傳下來，據說當時哥多爾相當欣賞哥雅的

▌哥雅1797-1800年所畫的兩幅油畫〈裸體的瑪哈〉與〈穿衣的瑪哈〉

才華，特別邀請他到住處為其情婦「貝比塔」（Pepita）畫像。

哥雅在斗室裡終日與「貝比塔」相處，被她的美貌所迷惑，於是為模特兒畫下纏綿悱惻的留念，由於兩人長時間耗在一起，使哥多爾起疑，要求哥雅隔天立即將畫拿給他看，哥雅連夜又畫了一張穿衣的瑪哈交差，輕鬆應付過關。

仔細看哥雅這兩位「瑪哈」，伸展的人體十足表現出迷人與性感，但是著衣的瑪哈一襲白色絲綢，搭配金黃鑲邊的背心外套，配上一條紅色的腰帶，襯托出玲瓏有緻的身材，嫵媚的魅力格外令人心動，穿衣的瑪哈更顯示出優雅不凡，間接地也流露其出身高貴的家庭的時尚品味。

對話──穿衣文化的多樣與光采

葛瑪蘭的香蕉絲衣放在世界原住民工藝中，有其十足意義，近年來更藉此凝聚民族認同而進行文化復振，迥異於昔日僅考慮的實用性質，事實上透過服飾的設計款式、材質、圖紋、色彩等文化內涵，可以審視人們如何藉物質文化或社會的認同，以區隔民族或區域的邊界等問題。

▌香蕉絲

　　而藝術史上，瑪哈流傳千古的穿衣時尚美感韻事，雖然無法相提並論，卻也反映了衣飾的多重角色與功能。當初為了保護身體從實用出發，進一步講求美觀而改良衣服的材質與技術，再因應各種需求而提升衣服的的功能，例如不同的身分地位或場合，而賦予不同的意涵，迄今著重時尚與美感，穿衣內涵愈發精緻。

　　隨著人類歷史演變，在每個時代裡，穿衣文化都留下豐富且多樣的光采。

第五篇
器物的光華
物質與工藝

從狩獵的銀盔到戰場上的戰甲，流行的琉璃珠到時尚的珍珠項鍊，工藝技術為社會進步寫下了註腳，器物的需求與生活品質的提升，也反映在物質文化的變遷中。

邵族婦女傳統的器物－杵樂，可以比擬於西方人擅長的各式樂器表現，他們傳達了族群千百年來的心聲與律動。

或許，我們應該平心靜氣地聆聽賽夏族人藉著臀鈴傳達對土地的思念，與夏卡爾畫中拉著小提琴的故鄉人，他們流露出的鄉愁有什麼不一樣？

銀盔與戰甲

盔甲與銀盔

　　銀盔是雅美人盛裝時的重要物品，參加重要的祭儀與慶典都會穿戴，族人認為會招徠福氣，但是不產銀的蘭嶼怎麼會有銀盔製作工藝？這是十分有趣的事。

　　雅美族人新船下水或新屋落成等儀式或典禮，經常可以看到頭戴銀盔、手持長矛，脖子佩掛黃金片打造而成的8字形項鍊的盛裝，以隆重的裝扮出席為典禮祈福；族人認為銀盔與黃金片是男人身份地位的表徵，

雅美族銀盔

雅美族人穿戴藤盔

生病時巫師可以拿黃金來招喚生命，甚至在發生糾紛時作為賠償的重要物品。

至於蘭嶼當地不產金銀，金片項鍊與銀盔原料應該是由外地進入，當地族人認為從蘭嶼海域的沉船取出，或者與外地商船交換物質而擁有金銀，族人再加以熔鑄打造成金片銀片，分別製成項鍊與銀盔。

每年3月開始，是蘭嶼島上的雅美族人的捕飛魚季節，族人紛紛準備曬魚乾架、掛魚網的木架，清洗相關器物，準備下海捕飛魚，漁人、紅頭、椰油、東清、野銀、朗島等各部落各自以「招魚祭」（米

▌雅美族戴銀盔參加儀式（廖聖福提供）
▌雅美族銀盔（廖聖福提供）

旺瓦）暖身登場，銀盔則是招徠漁獲必備的物品。

　　儀式舉行時多半在清晨，族人穿著傳統服裝，攜帶銀盔、長刀到海灘，由長老講述相關捕飛魚規範、忌諱，然後帶領大家揮動銀盔，面對著大海以手做招來飛魚的動作，意謂飛魚到魚場內，讓族人豐收；隨後長者將殺後的豬或雞血放置於碗內，族人輪流用食指沾血，到海邊以卵石擦拭，是項行為被認為有助海上捕撈平安。

　　「米旺瓦」儀式結束後，族人就可以下海捕撈飛魚，但又分為白天與夜晚捕撈，以夜間的捕飛魚最受到族人重視，捕回的飛魚則放置在魚乾架上曝曬，魚獲量多象徵族人財富，整個飛魚季要持續到7、8月才結束。

▌Eki與雅美族〈守護神〉作品

　　阿美族的藝術家Eki（林益千,1952-2003），以雅美族的創作成名，二十年的創作歷程更與雅美族頗有淵源，最早的個展以雅美族文化為主題，晚年留下的大型木雕作品〈守護神〉，正好為他豪放不羈的木雕生涯劃下句點。

　　Eki從最早的奇木桌椅加工進入木雕世界，他的奔放豪爽個性及教育背景和美學薰陶，在從事木雕時跳脫了先民圖騰式的傳統手法，直接呈現強烈的個人風格。木雕作品一直以簡潔塊面的刀法進行創作，與原住民粗獷率直的性格十分吻合。

　　1986年他以雅美族風俗為主題，首次假台東縣立文化中心展出三十件作品，刻畫雅美族樸質的生活與原貌，簡潔厚重的作品，對當地原住民木雕做了一次新面貌的展現。

▌林益千〈守護神〉
▌林益千晚年的大型木雕〈守護神〉，與旁邊的作者本人比對，即可知此木雕的巨大。（右頁圖）

1990年Eki再度以「蘭嶼之旅」於台東縣立文化中心舉行個展，1992年獲得台灣省政府第一屆山胞藝術季木雕第二名，1993年順益博物館原住民木雕展第二名，隨後經常參加縣內外各項原住民木雕展出，1999年他到布農部落進行創作，嘗試用鐵、石等媒材，2002年Eki也參加「意識部落」的集體生活創作。

2000年台東縣原住民嘉年華會，正式列入大型木雕創作，Eki受邀在體育館前廣場進行創作，他以「守護神」為主題，刻出一名頭戴銀盔手握長矛的雅美族戰士，這也是他生前所留下最大的一件木雕作品。

雅典娜的盔甲

雅典娜全身像

盔甲自古以來是戰爭時必備的武器，不僅抵擋敵人保護自己，同時也是英武的象徵。15世紀時期，歐洲各地城市皆有製作盔甲的工藝技術，其中以義大利米蘭所製作的盔甲最受到武士們歡迎，米蘭的盔甲以圓弧形和光滑的表面著名，其他地方也有以多稜角設計的盔甲出現。

16世紀以後，火藥應用於戰場及戰爭型態改變，盔甲逐漸失去其實際用途，轉而成了宮廷中武士的穿著和配備，用以顯示武士的身份和地位，以「禮服」型態出現的盔甲，尤其是頭盔部分就變得較不符實際，但是盔甲上的裝飾圖案則有多樣的發展。

最早的盔甲，從藝術作品中可以窺探，像正義之神雅典娜的裝扮，身穿盔甲，頭戴戰帽，手持長矛與護盾，一副英氣逼人威武不屈的模樣，她是智慧、正義的化身。在希臘化的文化薰陶下，雅典娜得到頗多的崇拜，尤其以希臘首都雅典城

帕得農神廟（Parthenon）建築為代表，她不但保衛著希臘雅典城的安全，也象徵雅典城的守護神。

雅典娜的頭盔

西洋神話中提到，當雅典娜在母親懷裡時，天神宙斯聽取預言家的說法，表示出生的孩子，將會取代宙斯的地位，於是將她吞進肚子裡，隨後宙斯頭痛欲裂，趕緊找來火神伏爾岡，把頭劈開，裡面跳出了一名身穿盔甲的女神，就是雅典娜。

雅典娜集美麗、純潔、理性於一身，從希臘古典雕刻作品中，可以看到頭戴戰盔、身穿希臘式連衣長裙，飾有蛇紋、人頭紋的護胸和甲冑，除了這種陽剛氣息的裝扮外，一比一等身大的雅典娜銅像，雙臂裸露，透過衣裙還可隱約地看見健美的軀體線條，手上可能是拿著長矛或物品，顯示出女性特有的溫柔與生命力。

在不同的羅馬雕刻，或者魯本斯等畫家繪畫作品中，我們也常可以看到，雅典娜以一身英挺的身材、精良的武器，晶亮的盔甲、和人見人怕的「梅杜莎」蛇髮女妖盾牌，靠著這些盔甲裝備，所到之處才能攻無不克，維持社會正義。

對話──銀盔與戰甲

不同於西方戰士的銀盔戰甲，馳騁戰場武士們穿戴起來英勇威武，氣勢逼人，像電影裡超時空戰士裝扮的雅美銀盔佩件，其實罕見用於戰爭的場合，反倒是用於隆重的祭儀和生活中，如同招魚的禮器場合，穿戴銀盔族人顯得神祕與威武，也許是符合族人信仰或性格所致，雖然兩種「武裝」用途大相逕庭，不過就如同阿美族藝術家Eki所刻畫的〈守護神〉作品，詮釋保衛家園戰士的雄心，意義應是相同的。

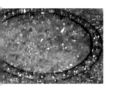

琉璃珠與珍珠項鍊

▌神山的魯凱族琉璃珠

我們抵達神山部落冒煙屋琉璃工作坊時，女主人Keliskes（盧麗貞）為我們示範silu（琉璃珠）的作法，打開氫氧氣混合成一體的氣體火嘴，火焰噴出成柱狀，她拿了琉璃色棒經過燒烤後附著於鐵棒上，再旋轉鐵棒使琉璃珠成圓珠狀，另外以不同色澤的細支琉璃棒燒烤在圓珠上繪製圖案，最後的手續是等候冷卻取下，完成作品。

女主人工作得很專注，並沒有多說話，示範結束後她淡淡地提到，其實她是三地門的排灣族人，嫁到霧台鄉來，把娘家傳承三代的手藝也帶來，他先生Diwausane（麥俊明）則是當地著名的陶藝家，專做黑陶，兩人合力設立這間冒煙屋工作坊，以傳統手藝謀生。

隨後她帶我們參觀所製作的琉璃珠成品，除了傳統式的琉璃珠串外，為了因應現代潮流，她也設計了多種時髦產品，例如琉璃珠鑰匙圈、星座琉璃珠等，琳琅滿目，很受到年輕人的歡迎。

比較引起我興趣的是Keliskes開發了多項有傳統歷史意義又不混雜流行文化的新產品，例如繪製人臉像，額頭上戴著花冠的琉璃珠，稱為〈魯凱英雄〉，象徵魯凱族開拓先鋒者，有兩片心型羽毛狀的「雉

羽」，代表勇士階級，另外有魯凱族的聖花百合，象徵貞潔與勇士。

　　當然也有流傳的mulimulidan──太陽之珠、baloalisabula──孔雀之珠、rusenaadau──太陽的眼淚和橙珠、綠珠等多項，可以說魯凱族傳説中的琉璃珠都可以找到，我在攤位上挑了一顆「太陽之珠」，順便告訴她，當年東魯凱達魯瑪克頭目Mulanz（古明德）就是拿著傳家之寶的「太陽之珠」到霧台來取親的，現在我把「太陽之珠」再買回去了。

▌琉璃珠的裝飾藝術

　　琉璃珠是魯凱、排灣族人喜愛的飾物，尤其是婦女掛滿琉璃珠項鍊，愈顯得高貴美麗，傳統琉璃珠約可區分為十大類型，各有不同色澤與圖樣，包括太陽之珠、孔雀之珠、太陽的眼淚、眼睛之珠、土地之珠、手腳之珠、黃珠、綠珠、橙珠等九種外，其他還有集會

▌以琉璃珠編組項鍊的情形（左排圖）

所之珠等等。所以它不僅外觀精緻美麗，婦女穿戴顯示身份外，還存有多樣用途。

　　位於屏東縣三地門鄉的蜻蜓雅築工作室，1983年成立後將琉璃珠文化發揚光大，以研發製作琉璃珠為目標，且結合應用於產業上。平日工作室裡保持著十餘位原住民婦女進行著各式琉璃製作，包括象徵不同意涵的琉璃珠，同時也將之實用化，融入生活當中，像擺飾用具或裝飾品等，當然針對琉璃珠的藝術表現，創新作品更是擺滿了工作室。

　　負責人施秀菊將琉璃珠的研究與創新，直接應用於文化產業上，在

工坊的二樓佈置了一片別緻的天地，大量利用琉璃珠裝飾，並結合漂流木、鐵具等不起眼的物品，營造出一種獨特的原住民藝術的氣息，經營簡餐、咖啡飲食等，也創造出別具風味的空間。

蜻蜓雅築以琉璃珠裝置的洗手台（左頁上圖）

蜻蜓雅築工作室的創作（左頁下圖）

▌維梅爾的〈戴珍珠項鍊的女人〉

維梅爾（Vermeer van Delft,1632-1675）是荷蘭人，父親於台夫特經營「梅歇林」飯店，當時是上流社會與文人出入的場所，從小維梅爾即留下了深刻印象。

維梅爾的油畫大部分以荷蘭社會生活為題材，尤其喜愛畫室內的人物，包括工作中的女人，其中最有名的作品是的〈倒牛奶的女僕〉，畫著一位身穿工作服的荷蘭婦女，拿著牛奶罐倒牛奶的情形，工作女僕的豐滿體態襯托著一張清秀的臉龐，桌上則是擺放著麵包籃，牆壁上則掛著竹籃銀飾器物，一幅溫馨、安祥的畫面，很能引起共鳴。

維梅爾的女性描繪還不僅如此，對於富裕家庭的少女有機會在家中學習樂器彈琴的生活畫作也很豐富，例如〈音樂課〉、〈坐在小鍵琴前的女士〉、〈吉他彈奏者〉等都是。他也常藉畫作來戲謔有「弦外之音」的女性，如〈老鴇〉、〈女人與兩個男人〉、〈士兵與

維梅爾1664年的油畫〈戴珍珠項鍊的女人〉 51.2×45cm

微笑的女孩〉等,從畫面人物的動作或酒杯等象徵物品,暗諷男女間的
曖昧關係。

　　另外,維梅爾的很多畫作裡,婦女喜愛戴著珠寶首飾,尤其是珍珠
及耳環,如1665年的〈戴珍珠耳環的女孩〉、1666/7年的〈戴紅帽的女
孩〉、〈女孩頭像〉、〈手持橫笛的女孩〉等等,均是戴著漂亮的耳飾。

　　維梅爾甚至赤裸裸地呈現女性對珠寶的愛戀,〈秤珍珠的女人〉繪
出一名婦女右手拿起秤子,桌上擺著許多珍珠項鍊,好像在計算著自己
擁有的財富,〈戴珍珠項鍊的女人〉則是穿著時髦貂皮衣的婦女,拉起

珍珠項鍊照鏡子的身影，在光鮮亮麗的外表下，似乎透露著一些虛榮與
幻影。

▌對話──珠子的高貴與美感

檢視琉璃珠的價值，僅從
外觀美麗高貴和稀少，理
所當然可以成為排灣、魯
凱族人珍貴的物品，如果
以象徵功能來看，依珠體
色澤、形式及配戴方式，
除了代表生命、尊貴、護
身能力等不同的意涵，族
人認為琉璃珠具有廣大的
靈力，這種價值感，對族
人而言，不是用「珍貴財
產」的意義就能夠概括進
去的。

西方藝術品中，佩戴貴重
飾品的畫作也不少，而維
梅爾的畫作裡則婦女戴珍
珠耳環或項鍊的作品，充
滿著華麗高貴之氣，〈戴
珍珠耳環的女孩〉美感似
乎藉著那顆大的珍珠耳環
而更引人注目，帶動起整
個美的情緒。

▌ Aikinu〈戴琉璃珠的族人〉

女子樂隊

杵樂音響傳大地

邵族傳說祖先追逐白鹿來到日月潭定居，當時就在拉魯山上的一棵茄苳樹下發願，希望子孫能如茄苳樹般枝葉茂盛，因此邵族人將之視為聖地，所有的祭儀都在當地進行，邵族人相信祖靈一直在島上庇佑著族人。

族人說，藉著「先生媽」能夠將祖先的指示傳達到族人心裡，「先生媽」即傳統靈媒或巫師，要具備這種條件還得到島上請示祖靈，據說獲得祖靈同意，拉魯島附近的水面會激起陣陣水花或漣漪呢，而現代「先生媽」的工作，就是舉行傳統祭儀和為族人的婚喪喜慶祈福。

921大地震過後，日月潭成立了國家風景區，封閉拉魯島並補種茄苳樹，同時「先生媽」也恢復在島上舉行儀式，邵族獲得正名，成為台灣原住民中的第十族。

邵族最為人知的是杵樂，據說在清末時期就已經存在了，它的出現與杵米的工作可能有關，藉著長短不一的杵，仿造杵米的聲音，敲打出高低不同樂音，從樂聲中緬懷邵族祖先種稻、割稻米的辛勞。演奏杵樂時，婦女每人手持著杵，繞著地上的石塊圍成圈，各人按節奏打擊石塊，發出音階不同的聲響，由於杵的大小、粗細長短不一，從160至200多公分皆有，敲擊在杵石時所發生的聲響也會產生不同的音階，一般有八到十個，混音合成很有節奏感的律動音樂。

搭配協奏的尚有數名族人，手持著竹筒敲擊地面，強烈的音響節奏裡外呼應，十分動聽，傳統邵族的杵樂，都會在節奏間加入婦女的合唱，內容多半與祈求農作物、稻米豐收或家人平安有關。

▌布農族杵樂
（左右頁圖）

▌ 杵米與杵樂

杵樂的形成從杵米而來，各族原住民習俗中，幾乎皆有杵米，而發展成為杵樂的，以邵族和布農族為代表。

杵米多半是婦女的工作，一、二人為之或多人皆可進行杵米，不同於杵樂敲擊地上的石板，杵米的時候，必須要在臼內搗碎小米，再倒出來煮飯或製作美食。

魯凱族雕刻家羅忠早（1962-）的〈杵米婦女〉可以說明杵米的過程，他說，以往婦女工作是否勤快，杵米也是一項觀察

▌〈杵樂〉（左圖） ▌林德旺〈布農族搗米舞〉（右排圖） ▌邵族杵樂（簡史朗攝，左頁圖）

項目，婦女家事做完也沒得閒，杵米準備食物是家常便飯。

　　海端鄉布農文物館內展示兩件〈布農族搗米舞〉木雕作品，是住在
海端鄉初來部落，但是擁有東排灣族血緣的木雕家林德旺等人所雕刻，

利用天然木頭的圓柱體積，雕成環繞的群像，圍成圈的幾個婦女族人手握長杆，敲擊著地上的石板，展現出力與美的動態，也是杵樂撼動人心的地方。

▋ 伯恩・瓊斯的〈金梯〉

　　欣賞女子樂隊演出是一件賞心悅目的事，古今中外女子樂隊組合不曾缺少，在藝術史的描寫中，伯恩・瓊斯（Burne-Jones,1833-1898）的

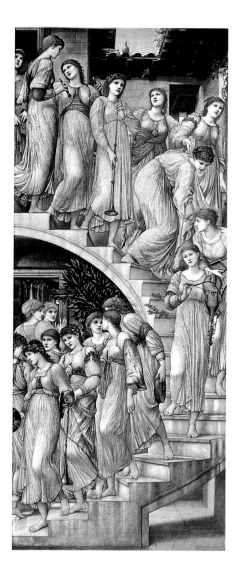

〈金梯〉作品最為符合這個條件，從畫面中的律動，彷彿醉人的樂音正汩汩流出一樣。

　　〈金梯〉構圖呈現半圓弧形繪製，伯恩・瓊斯巧妙地利用樓梯的弧度設計，讓身穿白袍的美女，順著樓梯走下來，感覺即有仙女下凡的美感，美女們手握各種樂器，如長短笛、小提琴、響板、小鼓等，部分已經演奏起來，在行進間演奏樂器其實是一項考驗，與其呆板的樂團整隊制式型態演出，伯恩・瓊斯在畫作上做了更大膽的嘗試，讓人物律動隨著音樂產生旋律。

　　伯恩・瓊斯生於英國伯明罕，他曾經到義大利去觀摩威尼斯大師們所留下來的作品，大受啟發，也開始建立自己

▋ 伯恩・瓊斯1876-80年的油畫〈金梯〉　277×177cm

的風格，1885年成為皇家美術學院士，1894年被授予男爵稱號。

伯恩‧瓊斯作品中，出現很多高貴女人、天使、神和英雄，這些也是他最喜愛的題材，事實上他有一位美麗的模特兒經常入畫，即他的音樂家妻子，也許是妻子氣質出眾，使其繪畫涵養異於他人，畫面人物多呈現優雅的美感，帶著慵懶、憂鬱及遠離人間煙火，描繪出細緻入微的情感。

對話——集體演出的美感

音樂在人類社會所扮演的是一種表演藝術的形式，反映社會文化的內涵，或者傳達某些訊息、情感，藉由集體演出與觀眾直接溝通，也能帶領聆聽者的情緒，獲得當場的回應。這是藝術與人們最直接、深刻的互動關係，也是比較貼近「社會化」的功能。

邵族與布農族人都擅長使用杵樂，這種打擊樂器只要一演奏必定震撼大地，因為它是以高大的木杵來敲擊地上的石塊而發出的音響，當然

▌羅忠早石雕作品〈杵米婦女〉

音響效果相當憾人。原始強烈的節奏與伯恩‧瓊斯的女子樂隊優雅的旋律演奏，是兩種不同的集體表演型式，也有不同的美感。

刀劍傳奇

太魯閣族製刀

　　傳統上，刀對原住民十分重要，日常生活中也用途廣泛，並有許多象徵意義，例如成年禮上佩掛，現代原住民更是喜愛在新居落成、生日或退休時送把裝飾用的佩刀，當作特殊禮物。

　　花蓮縣秀林鄉太魯閣族的「恩馬‧尤道」是個傳統製刀家族，從祖父「拉西」時期就是一位著名的刀匠，他所打造的原住民佩刀遠近馳名，像泰雅族傳統刀鞘外形像「魚」形狀的佩刀，拉西最擅長打製，另外有人頭造形的刀柄的頭目刀也會藉重他的手藝，至於大小把佩刀合併組成的「子母刀」，更是原住民獨特的佩刀式樣。

　　現年六十九歲的恩馬，接下父親製刀技術，努力開發太魯閣族的刀藝，他成功地開發了裝飾用的小佩刀，長度僅10公分左右，外觀與大型刀一樣，有漂亮的色彩刀鞘，精心製造的刀子本身質感也毫不馬虎，手工打造的太魯閣小刀推出後，很受到外界歡迎。

　　恩馬說，父親時代製刀多半利用廢棄鐵軌的材料加以打造，刀鞘簡

▌太魯閣族製刀

▌太魯閣族製刀展示（右頁圖）

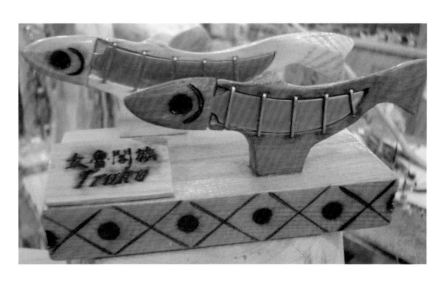

易樸實，削藤皮來綁飾，看起來很原始，現在他採用不同的廢棄鋼板，如車輛的鋼板就很好用，至於刀鞘部分則用銅線等材料搭配，更富質感。

恩馬的刀藝頗受各方肯定，他不但打造泰雅族傳統佩刀，連阿美族、排灣族的佩刀也都難不倒他，2002年底就獲得原民會邀請以佩刀開過展覽，恩馬家傳刀藝目前傳授給兒子，培養第四代的接班人，恩馬說，佩刀製作是原住民重要技藝，一定要傳承下去。

▌馬蘭阿美族頭目的佩刀

馬蘭阿美族大頭目馬亨亨傳世唯一的佩刀，目前已傳給第五代子孫，這把他生前幾乎不離身的刀子，僥倖躲過日本人的搜括、文物散失等危機，現在它已成為紀念馬亨亨活動的精神象徵。

歷年來馬蘭阿美部落的成年禮儀式及馬亨亨家族後代子孫為了紀念馬亨亨所舉辦的紀念會、「馬漢罕盃棒球賽」等，除了當年拍攝的珍貴頭像照片外，就是一把他所留下來的佩刀，供奉在典禮台上，象徵其精神與族人同在。

現在保存這把佩刀的第五代傳人烏將（郭信雄）表示，父祖輩曾告訴他，這把佩刀在日本人來台東之前就已經有了，鋒利的刀刃上依稀有

「血槽」的痕跡。當年馬亨亨出外，喜歡帶著孫女Hiya隨行，Hiya拿著槍保護、他自己則一定刀不離身。

馬亨亨過世後，刀子便交給Hiya保管，傳到他手上時，刀鞘與刀柄也已腐壞，他請擅長工藝的族人林富祥重新打造，成為目前所看到的牛角刀鞘、刀柄，上面也用月光貝殼裝飾，相當美觀。

▌馬蘭阿美族大頭目馬亨亨傳世唯一的佩刀（左右頁圖）

馬亨亨家族的拉杜（盧彩家）提到，1994年馬亨亨墓園翻修，依漢人信仰請人撿骨時曾經取出一些服飾、項鍊及陶甕和茶壺等物品，後來大部分遺失了，而日治時期，阿美族的刀槍全都被日本人沒收，唯獨這把佩刀族人一直很小心的藏匿起來，才沒有被取走。

▎軋造的〈成長〉

　　軋造（陳建造,1956-）是花蓮原住民中生代的藝術家，喜愛雕刻與裝置藝術，題材則多半從阿美族本身出發，作品以象徵或隱喻手法來呈現族群文化之美。作品〈成長〉由軋造一貫的木雕思維方式出發，刻了阿美族傳統圖紋的雙手合併造形，在上方舉起傳統的佩刀，刀象徵權力與民族的精神，將兩個意象結合在一起，很有撐起民族文化大纛的意思。

▎愛德蒙・萊頓的〈授爵典禮〉

　　看過圓桌武士或者中世紀騎士故事，除了佩服他們伏奸除惡的武藝外，對他們效忠皇家或主人的忠心也印象深刻，授勳封爵則是騎士一生至高無上的榮耀，也是武士追求的目標。

　　英國有位著名的畫家艾德蒙・萊頓（Leighton Edmund,1853-1922），專長於著名的歷史繪畫風格，曾經就讀皇家學院學校。他的作品〈授爵典禮〉即是描繪

▎軋造作品〈成長〉

這個莊嚴高貴的場合，畫面上身穿絲綢華服、頭戴皇冠的女王，走下皇座，手握長劍，優雅地擺放在跪於台前的騎士右肩，女皇邀請的貴客與騎士家族在一旁觀禮，這是一個隆重的授爵典禮。

萊頓以華麗的寫實技巧，描繪出中世紀時期皇室貴族封爵的情形，依英國皇室為人熟悉的官爵位，共分成五級，即公、侯、伯、子、男。至於大英帝國勳章制度則是用來褒獎傑出人士，依尊貴程度也分GBE、KBE等五級，獲得者若宣誓效忠英女王，就可用Sir（爵士）這個頭銜。

愛德蒙‧萊頓
1901年的油畫
〈授爵典禮〉
180×106.7cm

對話──爵位與責任

美感元素往往會在物品表面附加，顯示出其價值，刀的裝飾即是明顯的例子。原住民頭目的刀是權力的象徵，因此無論在儀式或授予傳承上，都具有高度意義。

萊頓畫出了英國皇家高雅氣派和權力，以及受封爵士晶亮鎖甲下的威武，這是權力的分享與責任的賦予，在小型社會或部落時期，統治者多半依靠類似權力與財富的分配，形成一個階級社會運作模式，以鞏固其本身的地位。

循著這種順序，身分或財富的差別，就產生了社會地位的高低，貴族與平民的差別就因而產生，這也是人類社會重要的群體功能。

呼喚鄉愁的樂聲

賽夏族的臀鈴

　　賽夏族人有一種與祖先和矮靈溝通的工具tabakarson（臀鈴），在矮靈祭的會場上，聲聲呼喚著祖靈與矮靈，族人心情中混合著感恩、懷念與畏懼，一種說不出對祖先、土地的思念，好比藉著臀鈴聲最能夠傳達族人的情感一般。

　　賽夏族人居住的區域多產竹與藤，竹藤編手藝自古就很發達，無論男女皆具備，應用於各式器物上，像臀鈴上就有這類材料，臀鈴可視為一種特殊的樂器，因為它在祭儀中，婦女背上它，隨著身體搖曳的律動，鐵管、竹管相互敲擊，發出「嗆、嗆」的聲響，在專屬矮靈沉靜的夜晚，它是唯一可以發聲的器物。

　　在時代潮流衝擊下，現代族人反而逐漸生疏該項技藝，一直到1984年間，南庄鄉公所舉辦了原住民傳統竹藤編織技藝班，男女族人報名學習，才漸漸地從漢人師傅手中學到表現技巧，回歸到傳統編織上去，重新找回自己。

▌賽夏族的臀鈴

賽夏族人把臀鈴視為民族文化的象徵物，運用於各式裝飾上，並製作各式手工藝品，以傳統手法複製這種臀鈴的技藝。

▌臀鈴的製作

居住於苗栗南庄的賽夏族人風順恩是製作臀鈴的好手，她採薏米珠紅白裝飾串起竹管做為響鈴，在矮靈祭進行時，背在族人背上象徵著矮靈，所發出的聲響可以撫慰矮靈。

至於臀鈴上的小鏡子，會隨著族人搖動的身子反射出月光，讓女矮靈可以欣賞到自己。

蓬萊村的潘三妹是另一位具代表性的人物，她以藤編製作臀鈴的織面，潘三妹嘗試用藤球鈴鐺搭配金屬與竹管，既可保留碰撞時發出的聲響，又提升了臀鈴的質感。

潘三妹的編織手藝，從小跟著父親學竹藤編，傳統的背籃、

▌風順恩製作的
臀鈴

竹籃等實用編織器物，在她的巧手編織下都有了新意，同時她將藤編藝術盡情發揮，各式各樣的「藤容器」創作，包括藤壺、藤瓶、藤甕等紛紛出籠，兼具實用與現代感，非但可以做花瓶裝飾，也可做置物籃，有些作品則已走入藝術性表現，十足的傳承與創新。

這些藤編作品，無論造形、圖紋編製技巧，比起往昔有過之而無不及，尤其是藤器表面編出具浮雕效果的花草造形，更是讓人驚艷，潘三妹也因擁有這些技藝，屢屢在原住民各項編織競賽中獲獎。

■ 夏卡爾1912-13年完成的〈屋頂上的提琴手〉　188×158cm

■ 夏卡爾〈屋頂上的提琴手〉

很多人看過電影或舞台劇「屋頂上提琴手」，其實，夏卡爾（Mare Chagall,1887-1985）的畫作〈屋頂上的提琴手〉精彩的程度，絕不在其他媒材表現之下。

畫作完成於1912年前後的屋頂上的提琴手，畫著一名穿著白色大衣、手拉提琴的男人，邊拉邊走，腳下及背後是雪白屋頂的住家和教堂，在黑暗的畫面中顯得十分突出。

如果從畫面的景物和色澤，甚至屋頂上冒煙的煙囪及幾個小朋友抬頭望著他的情形，還會以為是耶誕老公公在耶誕節來臨時的表演呢。

整張沉鬱陰暗的色調中，除了小朋友的衣服有紅顏色外，教堂有部分茶色，倒是有特別幾處塗上明顯的顏色，包括人物的綠臉、小提琴的橙、黃兩段色澤尤其突兀，形成畫面的焦點。

事實上站在屋頂上演出的藝術家是孤寂的，僅管他的琴藝高超，畫面上也以小提琴的鮮明顏色代表，但是小提琴手沒有舞台，也缺乏光鮮亮麗的燈光，綠色的臉龐可能是被迫以酒精麻醉，或者無處宣洩的情緒，他僅能站在屋頂上孤單地奏著思念故鄉的曲調。

夏卡爾是猶太裔的俄國人，猶太血統及宗教信仰給他影響至深，他的一生居住過法國巴黎、美國等地，創作題材卻很少離開過從小熟悉的教堂、牛羊動物、婚禮、新人及小提琴手等物品或人物，同時在這些題材的重新組合下，出現了象徵意義極深的畫作。

畫面上也告訴我我們，夏卡爾一生對土地、族群的眷戀，就如同猶太人生活中從出生到死亡、重要的時刻，如婚喪禮儀都有小提琴的陪伴，夏卡爾的小提琴手應該是歌頌或呼喚著人生溫情的，只不過飄泊的猶太人命運坎坷，像可憐的藝術家一樣到處流浪、四海為家。

對話──樂器的情感

音樂活動是整體民族文化的形式之一，演出內容也反映出深層的文化內涵，傳統樂器則有其形成的脈絡，因此研究不同社會的結構或文化，是了解傳統音樂表現的途徑。

民族音樂活動可以襯托出濃郁的民族文化美感，賽夏族人藉著臀鈴，以集體的力量去懷念祖靈、矮靈，使臀鈴不但具備有宗教樂器的意義，也有彰顯民族樂器的性質。

人們也經常透過樂器流露出自己的情感，在西洋畫作中，演奏樂器的題材不乏佳作，維梅爾、馬奈等人都有精彩的作品，但是夏卡爾的屋頂上的提琴手很不一樣，不僅僅是因為它是20世紀的現代繪畫而已，他混合著太多鄉愁與思念。

▌賽夏族的臀鈴

獸骨勳章

▌ 山豬英雄的勳章

　　排灣族的木雕家「勒谷魯」（陳春和,1945-2000），曾經是一名「山豬英雄」，他在三十多年的狩獵經驗中捕獲六千多頭山豬，這項傲人的紀錄恐怕現代獵人很難超越。

　　勒谷魯出身東排灣族土坂部落的貴族家庭，他十五歲時跟著父親上山學習打獵，靠著年輕、膽識與身手矯健，勒谷魯在山區如履平地，狩獵技術日益精進，頗有青出於藍的趨勢。

　　勒谷魯體內流著天生獵人的血液，擅長觀察地形，懂得山豬出沒地點，設置的陷阱又十分靈活，無論多大的山豬都難逃其手掌心，他說，曾經有一次獵捕一頭二百多公斤的巨大山豬，雖然中了獵夾，他與獵狗又跟牠纏鬥了一陣子，仍然被牠逃脫，在山區裡追逐了許久，最後山豬力竭倒地，才好不容易將之捕獲。

▌ 排灣族人收集的動物標本

排灣族獵人家
中的獸骨

勒谷魯狩獵的工具除了傳統的「戈外亞」（木製陷阱技術），就是
鐵夾和獵槍，外加一部摩托車，獵物除了山豬外，山羌、山鹿，甚至黑
熊都曾經是他的囊中物。

四十七歲那年，勒谷魯有一次載著戰利品山豬下山，由於山豬體型
太大、重量壓著機車，不慎碰上天雨路滑而翻覆，壓傷了他的右大腿
骨，他還忍痛將山豬載到山下處理，事後檢查骨頭已經碎裂。

那場車禍也結束了勒谷魯的狩獵生涯，累計他的狩獵成果，活動區
域以南大武山區為主，獵得的山豬達到六千多隻、山羊則有一千八百
隻，靠著這一生豐富的狩獵成績，勒谷魯養活一家大小，六名子女。

勒谷魯依排灣族獵人習俗，將獵物下顎骨掛在自家牆上，他家牆上
釘滿了一排排的動物骨頭，延伸到屋頂天花板，十分壯觀，遠遠望去就
像勳章一般，讓人肅然起敬。

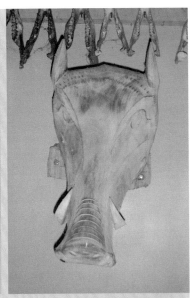
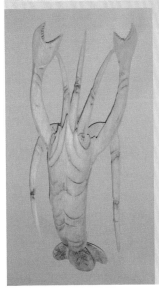
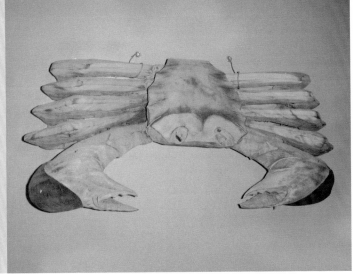

▍丁進財的動物
木雕

▍動物標本的戰利品

西方人狩獵，喜愛將獵物頭像製作成標本，掛在客廳裡，以炫耀自己的能力或狩獵技巧，排灣族人也有展示獵物的習慣，在來義鄉文物館內就展示了族人狩獵常見的動物骨頭，包括牛、山豬、山羌、鹿、羊等，用來教育下一代族人，祖先的狩獵生活。

而初次看到排灣族丁進財（Gusan,1969-）雕的動物頭像木雕，閃過的第一個念頭，居然就是這類戰利品。

Gusan於2002-2003年間，為土坂村包頭目祖靈屋雕刻包春琴頭目像

▍排灣族家屋擺
放動物標本
（左頁圖）

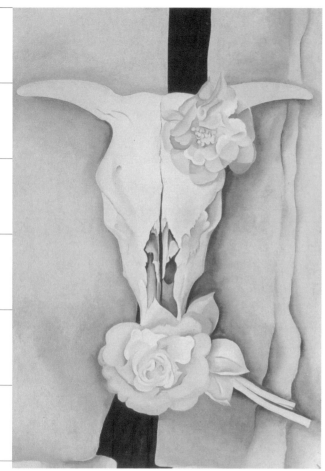

歐姬芙1931年
的油畫〈牛頭
骨與白玫瑰〉
90.9×61cm

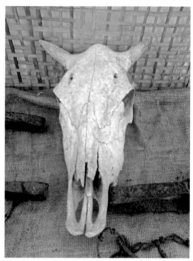

排灣族人展示的牛頭骨

時，順便雕了幾件動物木雕，包括當地盛產的毛蟹，溪蝦、百步蛇和一隻山羊的頭像，山羊就像鑲在木板上，掛在祖靈屋牆壁，雖然不算太醒目，卻也十分特殊。這些動物木雕，Gusan說，這是部落裡的特產，只是隨手刻下來而已，比較人像雕刻簡單多了，頭目家則十分滿意這類雕刻。

▌歐姬芙的〈牛頭骨與白玫瑰〉

　　在西洋藝術創作中，有一位極喜愛畫獸骨的女性藝術家，她的名字叫做歐姬芙（O.K eeffe,1887-1986），為了要研究這種曠野的原始生命氣息，她甚至於僻居到沙漠去，其精神讓人望塵莫及。

　　歐姬芙是20世紀初美國最著名的女畫家，十一歲學畫，曾經進入芝加哥藝術學院就讀，她的創作初試啼聲，就以花卉系列獲得極高的評價，喜愛把花卉放大在一兩百公分大畫布上，經常是一朵平凡的花朵，在歐姬芙的巧思經營下，掀開一片片的花瓣，彷彿進入植物另一個世

界，直指生命的核心。

　　為了要進一步鑽研大自然蘊藏的生命，歐姬芙選擇獨自住在沙漠創作，將蒐集到的牛、馬、羊、鹿等動物骨骼，除了裝飾外也用於繪畫上，將獸骨結合大自然的野生花卉，產生了新的生命氣息。

　　〈牛頭骨與白玫瑰〉是一件典型的例子，畫面只呈現簡單的三項物品，一副牛頭骨、二朵白玫瑰花和一塊樸素的布面，看似沒有相關聯的物品，其實牛頭骨來自動物、花朵是植物、布面則是人為的物質，枯掉的牛骨曾是生命的支幹，盛開的花朵與布幔，終究也有其腐敗的時刻，生命的週期不就是如此麼！

　　如果以純粹藝術技巧來欣賞〈牛頭骨與白玫瑰〉，它也是一幅精彩的畫作，白色的調子，內容中還蘊含著花蕊的象牙黃，桌布的淡土黃，色澤的微妙變化，讓我們體會的是靜謐雅緻。

▌對話——獸骨的美

早期漁獵收獲，經常以舉行儀式或食物分配方式提供弱勢族人分享，這也是一種物質交換模式，有能力的一方則在部落擁有地位與名聲。

如果以負責狩獵工作的族人而言，能夠與族人分享獵物，是預言下次豐收最好的祝福，形成部落共同遵守的規範和傳統。而狩獵勇士留下的戰利品，僅僅是滿屋的獸骨，它像是征戰下的勳章一樣。過去有些工藝家也喜愛用牛、羊角、山豬牙進行雕刻，做成美觀的工藝或裝飾品，經過修飾後的獸骨，沒有外表的悚懼。

歐姬芙的作品裡，牛骨雖然赤裸裸的置於眼前，好像發揮不了它讓人驚悚的作用，反而呈現另一種知性的美感，打破了長期以來物質美的規則，其定義在這裡似乎受到考驗。

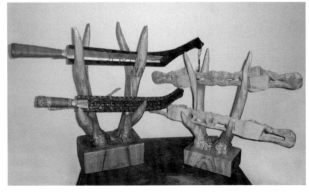

▌沙巴里以鹿角造型木雕為刀架的作品〈連杯與刀〉

愛的表白

▍口簧琴的功能

　　阿美族的年輕人把製作口簧琴當做成年的象徵，不但用心裝飾也用來傳達愛意，一把小口簧琴蘊藏著無窮的民族優美文化內涵。

　　阿美族耆老黃貴潮表示，口簧琴的阿美語稱為「ladok」，小時候他生病整天躺在床上，舅舅拿了把口簧教他吹奏，很快地就愛上了，他強調口簧琴不是樂器，因為過去沒有音樂會演奏活動，他認為口簧琴最重要的是傳達「信號」。

　　黃貴潮說，年輕人要自己學做口簧琴，不可以向別人借，會做口簧琴才表示已經成年，而且口簧琴和琴的護套做得愈仔細精緻，「女朋友統統會跑來」。他表示，一把完整的口簧琴包括三個物件，即：口簧琴身、琴管護套和竹片流蘇，三個物件串成一組就像一個家庭成員，有父母和孩子。

▍竹口琴製作教學

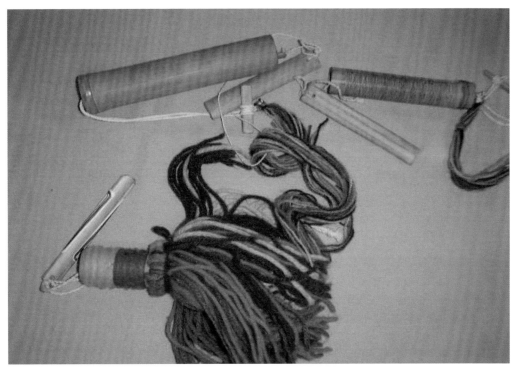

過去阿美族為母系社會，只有媽媽可講話，黃貴潮説，因此口簧琴組當中，護套是爸爸，琴身是媽媽，因為琴身上的口簧片，就像是媽媽的舌頭般，「所説的話全家都要聽」。

黃貴潮還表示，母系社會找伴侶多半是女生找男生，但是晚上的約會，男生可以找女生，靠的就是口簧琴，半夜三更時男生透過口簧琴獨特的吹奏音調，可以讓女生辨別是否為自己心怡的對象，而選擇是否赴約。

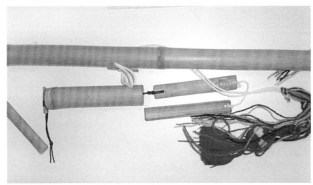

▌阿美族竹口琴與裝飾
▌阿美竹口琴
▌黃貴潮吹奏吹口琴

除了阿美族外，泰雅族及太魯閣族的年輕人也很會吹奏口簧琴，同樣注重琴的裝飾，太魯閣族人說在口簧琴流蘇飾物上常會看到刻意的打結，那是表示與女孩子約會的記號，約會次數多，打的結也愈多，屆時就成了男方上門提親的重要依據。對照起阿美族人用口簧琴表達愛意，其實內涵是一樣的。

▌ 愛的擁抱

傳達男女之間的愛意有很多種方式，吻與擁抱都是直接表現的一種，在兩人的世界裡，它的力量是無限大的。

排灣族木雕家沙巴里是以男女結婚時的背新娘入洞房的意象，表示對女方的愛意。Hagu（陳文生）作品〈愛的擁抱〉十分符合這個境界，兩個著少許衣衫的男女，相互擁抱在一起，女子環抱著男子的頸部，男子則扶著對方的臀部，好像是突然被人叫喚般，兩人同時轉過頭來，一臉愉悅的笑意。

Hagu的作品質量均豐，不過這種「限制級」的作品不多，針對這件作品作者的解釋是：好玩嘛。也許只是一時興起才刻下，不過仔細尋找仍有蛛絲馬跡，他也刻過男女族人的裸像木雕，以往這類板雕並不難見，但大多數只是以象徵方式雕鑿，寫實描寫深刻的雕刻又帶有動態姿勢的造形，過去確實難得一見罷了。

▌羅丹的〈吻〉

被稱為現代雕塑之父的羅丹（Auguste Rodin,1840-1917）為法國巴黎人，是近代法國偉大的雕塑家，他充滿人味的作品，一向為人所津津樂道。

羅丹早年曾分別接受過學院繪畫與雕塑的訓練，1875年羅丹到義大利旅行，親眼目睹古典及文藝復興期的雕塑，尤其是米開朗基羅的作品更是深深打動他，返國後他開始思索雕塑人體作品時所呈現的獨立力量和無限的想像空間。

1889年羅丹由但丁的「神曲」內容中，塑造了〈吻〉這件作品，故事是敘述1275年法蘭西斯嫁給貴族喬切托，但因為喬要遠行，請其弟保羅代為照顧，沒想到保羅竟然愛上了法蘭西斯，雙方墜入情網，後來戀情被喬撞見，憤而將兩人殺死。

〈吻〉描述一對熱戀中的男女，正深情款款擁吻，完成後被批為身上無半件衣物的男女，如何證明為保羅、法蘭兩人，被保守人士強烈批評，難道描寫歷史故事需要如此赤裸？

羅丹在進行〈吻〉作品時，十九歲時「卡蜜兒」正好擔任羅丹的助手兼模特兒，才華洋溢的卡蜜兒與羅丹雖然相差二十四歲，卻不顧一切相愛，而且共同用愛情重新創作雕塑語言。他們倆留下了不少歌頌愛情的雕像，作品將兩人的身體與靈魂緊緊結合，好像戀愛的時刻，世界是遠遠被拋在腦後一般，也為愛情留下永恆的見證。

羅丹早已有家室，卡蜜兒與他相戀十餘年後選擇離開，幾近崩潰發狂，往後的三十年都在精神病院中度過，這時候的愛情又顯得如此脆弱不堪，對比起〈吻〉擁抱的雕像，又是多麼地諷刺。

▌羅丹約1888年時的雕塑〈吻〉

▌對話──愛的傳達藝術

阿美族的口簧琴，如果把它歸納在樂器分類，以區別管樂、打擊樂等，應該得不到太多意義，但是放入部落文化脈絡來討論，男子視口簧琴製作為成年的表現，把琴當成珍貴物品隨身攜帶，並且發揮愛美能力，裝飾琴套，向女子吹奏表達愛意等等，皆有其實質的內涵和民族音樂的特質。

一樣是愛的傳達，羅丹將愛的語言藉著冰冷的大理石來傳達，無生命的石頭，頓時有了溫暖的體溫，羅丹的吻呈現最自然的樣貌，原始的情感流露，外在衣服的裝飾與否，好像並不是那般重要的事了。

第六篇
多元的容貌
創作與藝術

創作的世界無遠弗屆，透過渾厚的歌聲、震懾的舞步，或者裝飾華美的殿堂，都可以留住那份感動，藝術的腳步如此一步步承續下來，人類精神文明也留下了珍貴的遺產。

阿美族擁有質量均優美豐富的歌謠舞蹈，不但化身成為現代音樂、舞蹈創作的元素，也曾經隨著樂舞團體赴各地演出，獲得世人讚賞，其圈舞特徵融合了牽手與踏步，與馬諦斯畫作中的舞者有異曲同工之妙，好像兩者早已為這個世界牽起了雙手，將環繞著地球一直跳下去……

臉上的證書

紋面人生

2006年，苗栗縣天狗部落住著一位高齡一〇二歲的紋面老婆婆——柯菊蘭，身體仍然十分健康，很受到族人敬重。

柯菊蘭獨自住在靠近小學旁的一棟鐵皮屋裡，屋內陳設只是簡單的日常用具和床椅。她有過兩次婚姻，夫婿先後因戰爭及生病過世，唯一陪伴她的女兒也在幾年前往生，目前以老人年金過活，靠著居家服務員送餐，生活清苦，但依然能夠獨自行動，偶而出外探訪親友。

柯菊蘭清楚的記得她施行紋面的年紀約在八歲，當時日本人統治台灣，已經開始全面禁止泰雅族人紋面，父親將她藏在山上工寮裡，請紋面師傅偷偷地施術，柯菊蘭表示，紋面是部落的習俗，族人相信不經紋面表示不會織布，將來也「沒人要」。柯菊蘭説，父親以「如果沒紋面，會嫁給漢人或日本人」的理由要她服從。

紋面手術是一件令人難忘的痛苦，柯菊蘭説，紋面師傅用一個木製的叉子把脖子夾住，頭髮綁在後方木板上，腿也綁著固定，用植物的尖刺直接在臉上搥打，一邊刺一邊流血，完成後約半個月不能出來曬太陽，避免發炎。

▎紋面老婆婆柯菊蘭

柯菊蘭的紋面
隨後來被日本警察
發現，父親與紋面
師傅被關起來告誡
一番，工具也被沒
收，她則從此過著
冷暖起落的人生。
柯菊蘭以簡單的三
段方式區分她的紋
面人生，部落時期
是一種風俗，跟本
不覺得有何異樣，
日本至台灣光復時
期，接觸到外面世
界，連小孩子看了
都會害怕逃走，現
在則是習慣了。

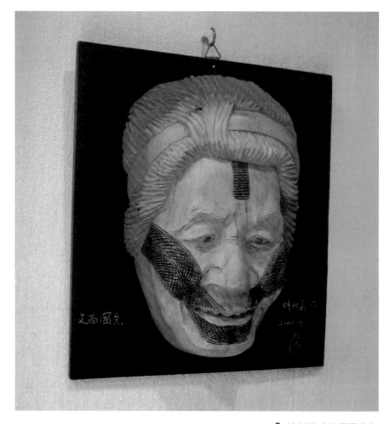

▌林新義〈紋面國寶〉

▌ 紋面的創作

出身新竹泰雅族藝術家安力・給怒（賴安淋,1958- ），文化大學美術系畢業後曾留學紐約視覺藝術學院，獲得創作碩士學位，是早期少數原住民受過完整學院藝術教育者之一。

安力・給怒的創作，引人驚艷的是他的油畫作品，從大量的原住民圖紋與符號開始，尤其是紋面的圖像，佔據了創作的空間，這個足以代表族群文化表徵的符號，曾經讓藝術家執著的投入創作，就如同以往紋面的圖紋是民族的象徵，或是民族共同的記憶一般。

為了能夠完整的詮釋紋面文化，安力・給怒以「紋面族」畫了許多紋面的連作，男女族人的各式紋面、特徵，也應用泰雅族織品上的圖紋，藉色彩以虛實方式在畫面上對照出現，他提到，泰雅族紋面連作的

▌安力・給怒作品「紋面族」系列（上二圖）

作品就是強調關注到族群群體問題，因為唯有獲得
尊嚴，創作才有意義。

　　排灣族的木雕家林新義也創作很多紋面的作
品，以寫實為主的他，人像木雕掌握得栩栩如
生，作品中無論是〈紋面人生〉或者紋面老婦
的肖像，從造形到質感紋理都相當講究，他表
示以不同的技法為原住民傳統木雕尋求出路，
也為紋面這項古老的習俗留下記錄。

▌ 繪臉民族的相遇

　　南島語族分布最南邊的民族──紐西蘭
Maori（毛利）人碰上台灣原住民會產生什麼
樣的結果？一群紐西蘭樂舞團體，於台東南
島文化節上，展現了他們特殊的繪臉、繪身
藝術，雙方都有驚喜的接觸。

　　毛利人與台灣原住民泰雅、太魯閣族紋
面習俗，在某些意義上頗為相似，毛利人紋
面不分階級，皆會施以紋面，據說當年祖先在
遷徙登上紐西蘭島嶼時，就留下這種傳統，
因此族人相信沒有紋面的毛利人是醜陋的。

　　男女成長時，年輕男子成為戰士或狩獵記
錄，女子結婚、生子以紋面來辨別，頗似泰雅
族男子首次出草或出獵、女子學習織布即施
予紋面的象徵意義；不過比較起來毛
利人的紋面擁有古老的圖案，刺
紋後調養再施術，最多曾達十
年之久才完成，這樣的過程，
倒是比泰雅族人繁複許多。

▌ 林新義〈紋面的傳承〉

毛利人千里迢迢到台灣參加南島文化節，好像回到南島民族的大家庭一般，他們以繪臉方式，將古老紋面圖案重新呈現，強烈的節奏配上簡潔生動的舞步，跳著戰舞，相當震撼。女子則揮舞手上的彩球，流線的晃動，穿梭於男子舞步中，特別能夠感受到力與美的相互結合，又有各自獨立的美感。

　　毛利人以熱情的歌舞和台灣原住民族交流，部落居民與舞團全體一起舞動，分不出彼此，習慣張開嘴吐舌和以碰鼻禮表示歡迎來賓的毛利人，與百步蛇的子民排灣族，於是有了交集。

對話——紋面人生的起伏

百歲紋面人瑞——柯菊蘭曾經擁有一張素淨美麗的臉龐，她的紋面人生歷經無數波折，從年輕時期傳承祖先的文化，在臉上刻下永恒的符號，日治到戰後，卻成了羞於見人無法洗刷的印記，到老來時刻又成為備受珍惜的國寶，命運捉弄人莫過於此，其人生的起伏更令人不勝唏噓。

▍紐西蘭毛利紋
　面圖紋（繪臉）
　（下二圖）

美的事物每個人都喜歡接近，視覺感觀的美感，也會有自己的感受，就

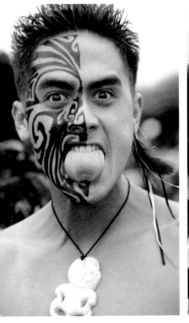

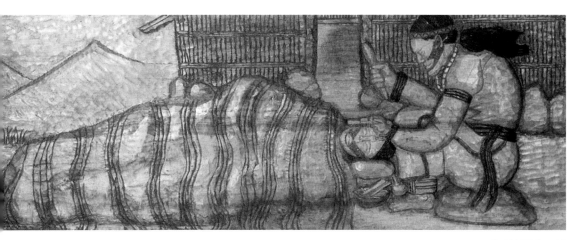

像是欣賞花瓶裡美麗的花朵一般，如果要深入了解花的內容，也許進入
繁花盛開的花園，看見生命力，才會有全然不同的體驗。

民族藝術的美感經驗，就是透過田野經驗，循著部落文化脈絡，如同走
進一條花園小徑，通過它將會看到另一片天地，屆時可以自己找尋美的
內涵所在，或者判斷「美」究竟在那裡？

在課堂上我屢屢提到「泰雅族女孩子從小要學習織布，十多歲時通過織
布的考驗，才可以紋額頭上的圖紋，而族人選妻時一定要求臉上有紋面
的女孩，因為代表著女孩婦德兼備，紋面的意義就如同一張證書，只是
它刻畫在臉上而已。換個方式說，就像現代人書讀得多，爭取的僅是一
張社會認同的文憑」。

「那是一張證書，泰雅族人相信經過紋面的族人，死後才能進入彩虹的
那一端和祖先相認。」我用盡了力氣解釋，台下同學似懂非懂地望著
我。

沉澱心情，回歸到最單純的思考，愛美或表現出美感是人類的本能，而
最直接的表達，就在自己身上。紐西蘭毛利族人是很好的例子，他們臉
上、身體的紋樣似乎就代表著一種魅力和能力的象徵，動靜之間，流露
出原始的美感，也好比刻畫在身上的證書一樣。

透過部落文化脈絡的理解，就好比走進那條小徑，我們看到了美的生命
力與內涵。

藝術殿堂

▌杜巴男的雕刻藝術屋

　　魯凱族霧台部落傳奇藝術家杜巴男（Valialane,1930-），在傳統文化的薰陶下，憑著敏銳、豐富的想像力及觀察力，以自己的一生經歷為中心，面對歷史、狩獵生活、族群文化變遷等元素，不斷地進行木、石雕創作，從作品傳達出對社會文化型態改變的調適與傳承文化的用心，更與兒子聯手參與社區的文化景觀再造工程，將部落打造出一片獨特、豐富的藝術氛圍。

　　杜巴男記憶中，小時候身上常帶著小刀，隨時雕著小東西玩耍，也喜歡隨便畫東西，成長過程中這項嗜好未曾放棄，閒暇時自行摸索雕刻，傳統的圖紋與生活習慣是他主要的創作來源，不僅擅於木石雕，也製刀、繪畫裝飾、製作服飾等，凡是部落時期的藝術活動，他都不缺席。

▌杜巴男木雕
　〈獵熊〉

■ 杜巴男雕刻屋
外觀

　　2001年他依自己構想建造了現代化的石板屋，實現雕刻屋的夢想，屋內以琉璃珠、陶甕意象形成的屋樑結構，加上無論是獸皮服飾、刀飾或各類藝術作品的陳列，讓參觀的人目不暇給。

　　客廳當中，一座高3.7公尺，像一顆大樹的巨型圓柱木雕，頂端雕刻魯凱族的傳統圖紋，當中一位身穿傳統魯凱服飾的勇士，是杜巴男的自刻像，旁邊圍繞著他曾經獵過的熊、水鹿、山豬及百步蛇等野獸。堪稱為杜巴男一生的「狩獵勇士」經典代表作，是雕刻屋內的重心，杜巴男說，當年與兒子杜勇君協同雕成，在戶外先行雕出大樣，再移入屋內完成。

　　過去魯凱族階級劃分，直接於服飾上就可以區別，杜巴男雖然是一介平民，但是部落裡合格的獵人，擁有多年的村長行政歷練，加上本身多才多藝，豐富了他的創作型式，在杜巴男雕刻屋內牆上掛著他親手設

計的服飾，頭冠由鹿角、熊皮與山豬牙構成的獨特款示，盛裝時佩上百合花，是族人最高的榮譽，身上的獸皮背心，除了繪製八角型、百步蛇等圖紋外，強調曾經獵殺的黑熊圖紋，這也是他人所沒有的。

　　另外刀是魯凱族男子必備的用具，包括狩獵用的帶柄長刀、狩獵時切肉用的「獵刀」，在山林使用的「工作刀」及盛裝或婚宴時的「禮刀」，各式佩刀依不同需求，鑲製了傳統圖紋，尤以禮刀上的裝

▎杜巴男雕刻屋內部（上圖）
▎杜巴男自刻木雕（下圖）
▎杜巴男自刻石雕（右頁圖）

西斯汀教堂內米開朗基羅所繪「創世紀」的天井壁畫。（左右頁圖）

飾最為美觀，擺飾上還加了染色的苧麻線流蘇為裝飾。

　　現在杜巴男雕刻屋已是參觀霧台社區必備的行程，同時也是霧台魯凱族藝術的殿堂。

▌米開朗基羅與西斯汀教堂

　　文藝復興期的天才藝術家米開朗基羅（Michelango,1475-1564）十三歲習畫，一年後進入梅迪奇家族由收藏中學習臨摩雕刻，1499年二十四歲時就完成著名的〈聖母慟子像〉，當時的米開朗基羅已經聲名遠播。

　　1508年他受教皇之邀，獨立製作西斯汀教堂天花板〈創世紀〉壁畫，這個拱形弧度的天花板，米開朗基羅構思將希臘神話和聖經內容結合，從設計人物造形、動作，加上完美的構圖，讓壁畫巧妙地與建築物融為一體，形成了一座莊嚴神聖、氣勢磅礡的藝術殿堂。

　　創世紀壁畫的面積約1500平方公尺，九個主題內容，描繪上帝以六天時間創造天地，萬物從無到有，第一天創日夜、第二天創天空與海洋、第三天樹木與陸地、第四天季節變化、第五天飛鳥與魚、

▎米開朗基羅於西斯汀教堂內創作的壁畫〈最後的審判〉，圖為修復後的現貌。

第六天創造人、第七天則是休息日。

　　其中上帝造亞當的形象已成為經典畫面，斜躺在地的亞當，擁有健美的體格，但是似乎缺少一份靈氣，智慧長者造形的上帝從天而降，伸手指向亞當，傳達無比的能量，兩人的手指接觸那一瞬間，石破天驚地誕生了人類，開啟了一個無垠的文明世界。

　　米開朗基羅為了完成〈創世紀〉，花費四年時間全心投入，為了繪製的四百多個神聖人物，他仔細觀察人物動態、人體肌肉結構，選擇合

適造形，畫了許許多多素描，後世從他的詩中描述可以體會作畫時的艱辛程度，必須爬30尺高台架，整天仰臥，蜷曲著背，頭和腳蹺起，顏料就滴在臉上，而且長期工作使他軀體變形。

1512年完成後，參觀的人絡繹不絕，不論是否為教徒，都虔敬萬分地仰望〈創世紀〉，雖然人潮不斷，整個禮拜堂卻寧靜無聲，像是對大師的最高崇敬。

1536年，米開朗基羅再度於西斯汀教堂內牆正面製作〈最後審判〉壁畫，在13.7×12.2公尺的空間，他發揮了無可比擬的才華，設計了一場「世紀審判」，以「上天堂、下地獄」為基礎，可以看出在天上的安祥和樂與打入地獄的艱苦折磨，強烈對比出戲劇性張力，而居中審判的是耶穌，他在畫面中上方，背後透著光芒，舉起右手，好像在他的公正嚴明的執法下，世間的善惡分明，無所遁形。

米開朗基羅於1541年完成最後審判，教廷的影響力已不復以往，壁畫隱約地透露著惶恐與悲憫情緒。

西斯汀教堂的〈創世紀〉或〈最後審判〉壁畫，無論是宗教及藝術價值都無法替代，被視為人類最重要的文化財，歷年來內部也經過整修，最近一次修復於1980-1999完成，其中最後的審判整修期就用了五年，面對這項浩瀚的藝術工程，2000年完成開放時，難怪不少學者就提出懷疑在1481年時，包括波蒂切利等繪畫群已參與裝修。

▌對話──民族與宗教的藝術殿堂

杜巴男的雕刻屋，是藝術家的生活與創作空間，陳列的是他畢生的創作與經歷物品，從裝飾到各媒材作品，處處呈現魯凱族的圖紋與文化，宛若是一座民族藝術館。

教堂的功能之一，是提供信徒一處清靜心靈空間，隔離俗世的紛擾，西斯汀教堂內部由米開朗基羅所創作的人類珍貴藝術遺產「創世紀」壁畫，使教堂充滿濃厚的藝術氣息，宗教與藝術微妙、緊密地結合在一起，同時也使得整座教堂像是一座宗教美術館。

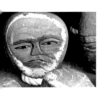

人頭紋與時尚

人頭紋的意義

　　排灣族常見的圖紋是人像紋及百步蛇紋，各自代表著權威與族群領袖專利，也是排灣族傳統文化的根源。特殊的人像浮雕象徵著祖先，百步蛇圖紋則被認為是一種吉祥獸。

　　除此之外，還有一種圖紋——人頭紋，通常也應用於木雕、石雕或刺繡等工藝表現上，已成為排灣族人日常生活或藝術創作上不可或缺的應用圖紋，學者陳奇祿認為：「人頭雕刻有時亦代表祖先，但亦可能獵頭和保有首級的風俗有關。」現代東排灣族人則把這項傳統表現加以發揮，成為賦有時代意義的創作或藝術品，隱含著變遷的痕跡。

▍雕刻家的人頭像創作

　　居住於台東縣達仁鄉土坂村的東排灣族木雕工作者沙巴里（1948-），擅長於各式木石雕刻，尤其是傳統的人像紋、人頭紋、百步蛇紋等十分專精，在村子裡他有一間工作室，內部陳列了他雕刻的作品，琳琅滿目。

　　2005年沙巴里在偶然的機會下，到台東縣達仁鄉南田海邊去撿著名的「南田石」，他不像一般人專挑大石頭以便用來修飾做為「雅石」欣賞，反倒是拾起許多手掌心可以盈握的大小石頭，帶回家去創作。

　　沙巴里在家中雕起石頭，他在最常見的圓尖形狀的石頭上雕刻，他說，在木雕或刺繡上留下來的傳統人頭圖紋給他很多靈感，他把一粒粒石頭當成是人頭紋，用雕刻手法，將線條刻上，然後加以美化裝飾，化腐朽為神奇，比如利用石塊上的不同色澤，分飾成了頭像的頭髮、鬍子或者頭飾、頭冠等，一個個排灣族頭目頭像、勇士像和不同的人頭像就生動地出現。

▍沙巴里的傳統
　人頭紋雕刻
　（下排圖）

■ 沙巴里的石雕人頭像雕刻（左右頁圖）

　　最有趣的是沙巴里雕了其中一個頭像，取名為〈侯佩岑的男朋友〉，頗符合時下流行和新聞性，這件作品，沙巴里巧妙地留下石頭上兩道長長的白色塊面，做為頭髮的留海，像真的般惟妙惟肖。

　　此外，他還依石頭的形狀，分別雕刻了土坂部落附近溪流常見的螃蟹和小動物等，樸實有趣，現在這些新的「人頭石」已成為他一項經濟的來源。

▋卡拉瓦喬的〈梅杜莎〉

　　在西洋藝術史上，卡拉瓦喬
（caravaggio,1573-1610）是一個非常
特殊的藝術家，他畫了許多和「首級」
有關的作品，最有名的是〈梅杜莎〉頭
像，蛇髮女妖梅杜莎，凡人看了會變成
石頭，卡拉瓦喬抓住被派修斯一刀砍下
頭顱的一刻，血流如注，加上頭髮上仍

▍卡拉瓦喬1598-99年時以油彩、白楊木
繪製的60×55cm的〈梅杜莎〉。

然蠕動的毒蛇，吃驚張大的雙眼和嘴巴的畫面，讓人難忘。

〈朱蒂斯與奧勒弗尼〉作品，則是描寫聖經中一段故事，朱蒂斯是一名年輕的以色列婦女，丈夫不幸身亡，她的故鄉被敵人包圍下已彈盡援絕，於是挺身而出和敵軍交涉，敵軍將領「奧勒弗尼」貪戀她的美色，故意設計要與她一起飲酒作樂。

朱蒂斯將「奧勒弗尼」灌醉，再拿出他的佩刀將其首級砍下，帶回到城裡，人民歡聲雷動，朱蒂斯成了民族英雄。作品中正是朱蒂斯一手拿劍、一手抓住敵人將領首級，猛然砍下的過程，鋒利的劍與大量噴出的鮮血，看了真是不寒而慄。

現實上，卡拉瓦喬在1600至1606年間曾連續犯下十四件案子，其中還有因賭金而刺死被害人的案件，因而他成了亡命之徒，一邊逃亡，但是仍持續創作。

1609年他獲樞機主教支持，返回那不勒斯，畫了一張〈大衛和哥利亞（Goliath）的頭臚〉的畫作送給主教，他特別將哥利亞的頭畫成自己頭像，好比是他想以這種「暴力」的「自畫像」來贖罪般。

對話──圖紋的詮釋與應用

人頭紋是排灣族群重要的裝飾圖紋，被大量應用在手工藝品上，傳統習俗的意涵可能是取材自緬懷祖先，或者昔日排灣族人在獵首習俗中的誇耀戰功而來，如今東排灣族藝術工作者卻將它做為文化傳承的目標，新詮釋下的人頭紋或人頭像，無論是做為紀念或工藝品裝飾、創作，不但獨樹一幟，在現今社會也令人耳目一新。

卡拉瓦喬的〈梅杜莎〉畫面的人頭像驚悚血腥，也許這是藝術家本身的涵養對作品有不同的詮釋。而蛇髮女妖梅杜莎，因為擁有無窮的魔力，古代戰士就懂得在盾牌上畫她的頭像來嚇阻敵人。義大利的時尚服飾「凡賽斯」，更以梅杜莎頭像做為商標，強調無法阻擋的色彩和魅力，這個古老的品牌似乎仍可以輕易地擄獲現代人的心。

百貨公司裡凡賽斯專櫃的人頭標識（下二圖）

異國公主

▋ 民族的美感與選美

　　現代原住民的審美為何？透過時下流行的「選美」方式，可否找出一些共同的標準，來做為年輕人的表率？

　　2007年5月，台東市公所舉辦第一屆「原住民親善公主、勇士選拔」，當選的勇士、公主分別佩戴上象徵榮耀的「勇士刀」及「公主冠」，並在一年內代表台東市對外進行親善訪問及文化觀光產業活動代言。

　　參賽條件為年滿十六至二十五歲、具原住民身分的青年男女為對象，分成初選及決選兩關卡，選出「才藝獎」、「馬卡巴嗨獎」及「台東市原住民親善公主、勇士」男女共計六位，各頒獎金六千到二萬元，由於參選資格放寬以設籍或在台東市就學的青年，吸引不同族群包括在地的阿美族、排灣族、卑南族、魯凱族，甚至太魯閣族大專、高中職年輕學子參加。

▋ 阿美族親善公主、勇士選拔

主辦單位聘請十一位評審委員，涵蓋儀態、才藝、傳統技藝及機智問答等專長，在族群身分兼顧上述的五個族群，另外加上一位漢族評審，初審參賽者著傳統服，於十至十五分鐘時間內，依才藝表演（30%）、儀態台風（40%）、機智問答（30%）進行評分，結果選出了男女各八位進入決選。

　　決選在知本「卡地布多功能活動中心」舉行，熱情的支持親友及民眾冒著大太陽前往加油，進入最後決選的十六位男女青年分別表演自己擅長的才藝，如歌唱、舞蹈、手語、繪畫展示、花式調酒等，接著以母語介紹自己、並回答抽中的機智問答等。

　　雖然部分參賽者缺乏經驗，表演略顯緊張，母語也不流利，但是可以看出來皆經過努力準備，尤其極獲年輕人喜愛的舞蹈項目，參賽者掌握短暫表演時間與空間，在舞台上變裝，以融合傳統與現代的舞步呈現，獲得很多掌聲。

　　由於是首次舉辦選美活動，主辦單位希望參賽者都能藉此機會與其他族群年輕人認識交誼，特別利用會後，評審團召開評審會議時

阿美族親善勇士佩刀

刻，安排卡地布歌舞串場以緩和緊張氣氛，參賽者相偕牽手加入團體跳圈舞，讓比賽在和諧氣氛下留住美好記憶。

　　評審團最後由排灣族杜東龍代表評審，針對勇士選拔進行評論，他說，傳統的勇士要有膽識、聲音要宏量可以震動大地，最好像7.2級地震一樣，同時眼神要凶猛、不能眨眼，動作乾淨俐落。第一次舉辦的勇士選拔，僅可算是「及格」。

　　阿美族高淑娟則代表評論公主選拔，表現多半很甜美、嫵媚，同時擁有多元文化才藝，歌舞也能自創，足見原住民年輕一輩只要準備皆有機會可以呈現最好的一面，但是在傳統技藝及母語上皆需要加強。

美女與傳統服飾

　　東排灣族的丁枝尾，擅長畫人像，也喜愛畫傳統原住民帥哥美女。年輕時他從電影看板繪畫學徒開始，一路跟著商業繪畫工作，2006年回到部落，丁枝尾以他苦練的寫實繪畫能力回饋鄉里，為達仁鄉內部落製作圍牆浮雕圖騰及彩繪排灣族文化。

　　丁枝尾也應台東市區以原住民美食為主的餐廳繪製大型油畫，〈賞花〉是其中一幅，畫面上一對穿著傳統服飾的阿美族男女青年，正在林園裡賞花，臉上掛著笑容的女孩，戴著頭冠，身上紅色衣飾在綠色林葉襯托下，極為優美與醒目。

　　阿美族女孩甜美的微笑，透露出在山海環境涵養下的自信，選擇綠林背景裡綻放，更能凸顯出自然的美感。

惠斯勒的〈瓷國公主：粉紅與銀色〉

　　惠斯勒（Whistler,1834-1903）生於美國馬薩諸塞州，1903年於英倫去世。其實他的人生就是擺盪在這兩個國家當中，在成名後美國人認為他是住在倫敦的美國畫家，而英國人則把他視為真正的英國畫家。

▌丁枝尾〈賞花〉

惠斯勒擅長水彩畫、銅版畫和裝潢設計，他的叛逆個性曾就讀於西點軍校被開除，令他憤世嫉俗。1855年去巴黎後轉往英國，未再返回美國。雖然惠斯勒的性格怪異，但他的藝術卻給人截然不同的感受，以靜謐、和諧的畫面，

就像旋律優美的樂曲那樣令人陶醉。

他的作品〈白色交響曲〉於1862年遭沙龍拒展後，卻在落選沙龍中引起轟動。1864年繪製〈瓷國公主：粉紅與銀色〉，這一系列的作品，表現出對東方藝術的興趣，畫中少女穿上日本和服，往往還畫上幾個中國瓷器。另〈灰色與黑色第一號〉，也有人稱作〈藝術家的母親〉，明顯在構圖上受日本浮世繪的影響。他也許分不出中國與日本的文化差異，但可以看見的是對異國風味的嚮往。

晚期人物畫很少是肖像畫，轉而走向純藝術的探討，在風景畫中追求他喜愛的調子與情趣，1871年製作了「泰晤士河組畫」，一生共製作了四百多幅人物、肖像和風景畫。

1892年惠斯勒作品舉辦回顧展，使他正式讓美國承認，藝術表現也受海外的讚賞。

▌惠斯勒1864年所畫的〈瓷國公主：粉紅與銀色〉

▌對話──民族文化與異國風情

原住民的美感經驗究竟如何界定，從民族藝術的發展觀點來看，民族藝術是一個民族長期生活累積的智慧，從儀式上的象徵物件及樂舞表演，或日常習慣的實用品，逐漸蛻變成為一種「集體認同」的動、靜態藝術活動，它與現代社會重視個人主義不同，現代藝術發展，是向大眾展現藝術家的內涵和理念，或是他個人的感受和對世界的看法，甚至有一些是為藝術而藝術，而與社會無關。

但是民族藝術的涵養與異國風情還是有很大的差異，後者只是一種想像，或者一廂情願，對內涵的認知還是其次問題，從惠斯勒的〈瓷國公主〉中就可略窺一二。

呐喊的威力

▌雅美族人的「曼哈威（Mahaway）」

　　在新船下水儀式中，雅美族人簡單吟唱祈求祖靈庇佑後，圍在雅美船四周的族人，身上僅著一條丁字褲，露出精實的身軀，咬著牙、抱拳怒目激烈的抖動肢體，口中不斷地喊出「ho、ho」震撼聲調，場面極為震撼、壯觀。接著全體合力將船身往上拋三次歡呼後，抬著新船往海邊，途中再經過數次的拋船，然後下水試划，完成儀式。

　　族人稱作「曼哈威」的肢體舞蹈，一直為外界稱為「雅美族勇士舞」，或者「驅魔舞」，從文化人類學角度，確實有結合群體力量去對抗原始恐懼的現象，只是藉由勇猛陽剛的舞步來傳達。

▌雅美族人曼哈威（左右頁圖）

雅美族人謝永泉表示，「曼哈威」在過去生活中常出現，並非專門用來跳舞，它主要以「認同」為主，族人所造的新船完成，多半會邀請親友參與慶祝，有一年東清村舉行新船下水，家中有喪事者依習俗不可參加，但是也會在新船路過時，跳起「曼哈威」表示認同。

另外一般在新船下水儀式時所見的「曼哈威」，大家認為是用集體力量與聲勢來驅趕惡靈，族人彼此激勵，給船主人祝福、支持打氣來解釋。謝永泉說，事實上，主人家站在船上接受拋船時，他揮動佩刀才是所謂的「驅魔」，因為如果惡靈若在船內，船會變重難拋，因而需要驅魔。

「曼哈威」的功能還包括族人被人欺侮、打仗失敗或受到委屈時，親朋好友前來慰問，表達同情，也會跳一段「曼哈威」。當然，面對敵人或者挑戰對手時，

▎袁志寬的木雕〈吶喊〉

「曼哈威」是最好的一種反應，讓對方明白憤怒與挑釁對方的情緒，這才是「曼哈威」的用途。

▌〈吶喊〉與Lamai（袁志寬,1922-1990）

〈吶喊〉作品刻畫的是雅美族的勇士跳「曼哈威」的情形，從扭曲的嘴型，可以看出作者刻意將表情效果刻畫出來，企圖生動地掌握住現場的氛圍，在早年原住民木雕尚不十分講求臉部表情的時期，這件作品已經進入觀察並掌握得很好了。

吶喊中的雅美勇士，肢體雖未誇大，但是握拳抱胸及彎曲的腿部，流露出強壯的力量和美感，也和同時期木雕家僅擅刻直立式的木雕，有著明顯的差別。〈吶喊〉目前由台東市原住民文物收藏家所有，據指出係出自於Lamai之手，1966年Lamai從事木雕工作，在原住民木雕發展中佔有承先啟後的地位，他大膽嘗試脫離傳統木雕方式，以新的大塊面雕刻技術，創作大型立體木雕，自成一格。

▌林建成的素描〈吶喊〉

Lamai與Eki父子所留下的木雕作品中發現，對於雅美族題材似乎頗為愛好，但是本件作品的雕刻技法細膩，與Lamai慣用大塊面雕刻似有差異。

▌孟克的〈吶喊〉

生於挪威的孟克（Munch,1863-1944）有一幅〈吶喊〉作品，與雅美人的「曼哈威」肢體舞蹈，在情境上及造形上頗有幾分類似，反映了人高漲緊繃時的情緒與動作。

〈吶喊〉畫面中，狹橋上出現一名緊張焦慮的黑色軀體和臉龐，張著大嘴，雙手護著臉部，背後紅、黃、紫、綠色交錯環繞的線條，可以看見當中的混亂和不安情緒，孟克在他的筆記中提到：「我和朋友走著，天空一片血紅，峽灣和城市快被吞噬，朋友還在往前走，我卻焦慮地全身發抖，感覺整個世界歇斯底里地在吶喊。」

這是孟克真實的吶喊，也許是長期以來心中對於死亡的恐懼，或者是心理上浮現的聲音，總之他看到了一般人可能沒有注意到的層面，一種死亡的威脅，幾乎無所不在地跟隨著他。

孟克的父親是醫生，但是母親、姊姊卻患肺結核，不敵病魔相繼去世，從小陰影就一直長留心中，對姊姊去世的回憶，他重覆地畫作，〈病房中的死亡〉即是一個著名的例子，畫面上躺著的病人，家屬哀傷的表情，籠罩在淡淡藍色的氣氛下，讓人一掬同情之淚。他也長期以生死為題材發洩心中痛苦，將人類最不安與死亡的根本問題，作為創作題材。

1889年孟克進入國家藝術學院，但他並不喜歡制式課程，無法適應，同時孟克感情也不順利，喜歡一名女孩卻僅止於單戀，後來認識了任性的富家女杜拉，孟克為躲她跑遍了歐洲，最後竟住進療養院。〈吸血鬼〉作品就是描寫這一段故事。

認識杜拉奇特瘋狂的戀情與住在療養院，這些遭遇並沒有使孟克停下畫筆，他將滿腔的情感直接投注在畫布上，藝術是他的慰藉，不過他的作品始終得不到母國的欣賞，挪威人一度還將他的作品視為危險、聳動。

一直到1905年德國表現主義團體視他為典範，他的藝術愈受矚目，挪威終於接納他的作品返國，但孟克已患了精神分裂症，生命的最後二十年陷於孤獨、封閉的景況。

　　針對〈吶喊〉一作，據說美國天文學家曾到繪製吶喊的現場去調查，並調閱當時的資料，發現當時印尼有大規模火山爆發，北歐地區可能看到火光，因此可能促使孟克的靈感，創作出這幅經典作品，孟克若地下有知應該會相當安慰，畢竟那不完全是一名患有精神分裂畫家的幻覺而已。

■ 對話——心裡的吶喊

民族藝術與文化人類學之間的差異和關聯性，「曼哈威」是一個很好的觀察例證，順著民族文化脈絡探索，發現它有多重意義，族人以舞蹈動作傳達內心的認同與情感，外人也許很難識別這層意義，但是純粹以舞蹈藝術角度來欣賞，它確是一齣令人震撼的舞步。

「吶喊」與「曼哈威」分別呈現不同情緒的反應，孟克或許僅在於自我心理的抒發，雅美族人卻在特定的場合，以「帶有儀式性質」的舞蹈，使用「曼哈威」來為族人祈福、慰問，並滿足活動或儀式的需求，這類行為及活動，好比是族人心裡需求的延伸和經驗。

■ 孟克1893年的油彩作品〈吶喊〉 91×73.5cm

自然的舞姿

阿美族街頭舞蹈

2001年一場阿美族的歌舞會在馬蘭社區展開,來自花蓮的中部阿美與台東馬蘭阿美族人相見歡,本是一家的阿美族人以手牽手、圍成圈跳舞,齊心演出相聚的歡樂與兄弟姊妹的情誼。

穿著紅色長披風的中部阿美的頭目,將攜帶來的檳榔、荖葉禮物送給馬蘭阿美頭目,雙方祭師則在一旁以葫蘆裝的米酒灑祭,祭告祖先兩個相距百公里的族人重逢在一起,也是兩部落長期隔閡後,藉一次選舉活動之機會,彼此敍舊聯誼。

▌阿美族伐木舞
（左右頁圖）

馬蘭阿美族長老們，以郭英男夫婦演唱聞名的「訪客歡樂歌」，迎接遠道來的客人，悠遠的旋律、簡易的舞蹈在台上撼動，歌聲傳遍社區，讓族人知道有朋自遠方來，然後雙方相互敬酒。

　　現代馬蘭部落已是阿美族、漢族混居的社區，不過喜愛歌舞的族人仍然不受環境影響全體出席，無論男女都加入隊伍，既是歡迎親友，也一起同樂，老人家則是帶著孫子在一旁見習舞動著，歌舞的傳承應該就是這麼持續進行的。

　　阿美族耆老黃貴潮表示，阿美族豐年祭時，跳的圈舞是有秩序的，長老階級依年齡大小，由左至右圍坐在場中，「卡巴」和「巴卡隆愛」年輕人在外圈跳舞，跳時面向內，主要是族人信仰「善神在內、邪靈在外」的規定，歌舞則多半配合歡樂氣氛的虛詞與搭配的簡易舞步。

　　阿美族人不在乎舞蹈場地，也不特別講究歌詞舞步，傳達的是發自內心的歡樂，不在乎於寬闊的馬路上手牽手自然圍成圈跳舞，圈舞的熱情隨著民族情感交融而散發，數百年來依舊沒變。

▌阿美族的舞蹈
　生活化（下圖）

▌馬蘭阿美歌舞
　（右頁二圖）

自然舞姿與創作

　　階級社會的排灣族，有一種生活上常見的舞姿——四步舞蹈，族人手牽手舞步前後擺動，很能夠釋放歡樂氣氛。

　　四步舞的應用場合以婚宴或迎賓最常用，例如結婚當天，喜宴後接著展開傳統的四步舞：族人及來賓圍成圓圈跳以示慶祝，舞蹈可能連續數小時，一直到盡興。過去，婚禮的舞蹈場合，未婚和已婚者必須分開來，已婚男性不可到未

▌哈古〈四步舞〉的木刻作品

婚女性隊伍中，一般族人都不逾越部落文化規範。

　　2008年8月東排灣族比魯部落舉行一項傳統頭目的「兄弟結盟」儀式，宋賢一頭目與來自阿里山鄒族的浦忠成結為兄弟，在頭目親為兄弟穿上排灣族頭目家族象徵的背心及頭冠後，族人以吟唱傳統歌謠及四步舞來表達歡迎。

　　儀式的最高潮是由長老手中握著琉璃珠串，高聲朗誦歷代祖先的名字，向祖靈報告這項隆重的結盟儀式，在歌舞的祝福見證下，長老一一呼喚著，場面相當肅穆，四步舞蹈肩負起凝聚族人精神與文化的重要時刻。

　　四步舞在排灣族及魯凱、卑南族的祭儀或歡迎儀式中也常出現，卑南族木雕家哈古喜愛刻這種舞蹈，多件作品都以這平凡簡單的舞蹈為題材，無論男女自然手牽手一起共舞，很能夠傳達歡樂團結的氣息。

　　排灣族藝術家尼誕‧達給伐歷有一件木雕作品〈來跳支舞〉，刻畫

▌尼誕〈來跳支舞〉的木雕作品

▌林益千〈阿美族舞蹈〉木雕

著一名族人跨出右腳，重心放於左腳，腳步厚實，身體重心低，卻輕快地擺動身軀，正在享受著跳舞的樂趣，很能夠表達腳踏土地的感覺，也流露出原住民木雕中難得的動感。

　　Eki的〈舞蹈〉可以看出四名頭戴大盤帽裝飾的馬蘭阿美族舞者手牽手跳舞的場合，彼此默契十足的抬腿動作與相互感染的氛圍，構成一幅生動的圖畫。

▌馬諦斯的〈舞蹈〉

　　亨利‧馬諦斯（Henri Matisse,1869-1954）是西洋美術史中的野獸派健將，野獸派畫面呈現大膽艷麗的顏色，讓色彩發揮到極致，粗獷造形則充滿原始生命力的表現。

　　馬諦斯是法國人，父母親從事食品生意，他並不像一般藝術家從小就顯露出藝術才華，一直到二十一歲時因病躺在床上，母親送他一盒顏

▌馬諦斯1919-10年的油畫〈舞蹈〉 260×391cm

料，才開始繪畫。

　　馬諦斯曾經先後在法國國家藝術學院與工藝學校學過藝術，因此他的畫風融合了裝飾與學院表現，他的一生經歷兩次世界大戰，家人也曾遭納粹拘禁，但是馬諦斯並沒有對世界悲觀失望，反而以明亮的色彩鼓舞世人藝術的美，一直到他去世時，還在以色紙剪貼創作。

　　〈舞蹈〉是馬諦斯1910年的作品，是他繪畫成熟期的表現，畫面上畫了五名男女舞者手牽著手圍成圓圈跳舞，線條非常流暢，人物動態掌握得精準，構圖造形簡潔，重要的是僅使用了幾種顏色，並以類似平塗方法呈現。在野獸派重視「色彩會說話」的精神上，可以得知主要四種顏色的效用，例如藍色代表著天空、綠色是山丘土地，而磚紅色用於舞者的肢體，較濃的茶褐色則是舞者的頭舞色澤。整幅作品流暢奔放，馬諦斯以坦率洗鍊的繪畫技巧表現了高度自然的動感，讓人感覺到土地上真實的況味。

　　馬諦斯的藝術人生豐富，雖然歷經病痛與艱苦遭遇，但都沒有打倒

他對藝術的堅持，他也是跨越19與20世紀之交重要的藝術家，不僅開創了平面裝飾的表現手法，也將觀念帶入影響新世紀的藝術思潮。

簡潔與即興的表達方式與阿美族舞蹈的精神相似，艷麗的色彩應用與原住民的樸直個性更是吻合。

對話——舞蹈與團體

原住民的傳統舞蹈最能夠拉近人與人距離的舞蹈形式，即是圈舞。任何人下場之後只要與大家雙手交叉於胸前，踩著簡單的舞步就可以與整個氣氛與感覺融為一體。

▌林益千〈阿美長老舞者〉木雕

從原始舞蹈的角度來看，團體圍著火塘或營火一起舞蹈，以圈舞的形態最能夠環顧四周，讓全體參與，不會有忽略的角落，圈舞可以表現部落社會團結的象徵，在一定的時間、空間內，參與者都遵守一定的動作和規範，重覆簡單和規律的動作就產生了力量，難怪有文化人類學家認為，原始團體舞蹈可能與初期的戰技訓練有關。

馬諦斯所畫的牽手〈舞蹈〉作品，畫面上的造形與色彩律動感十足，具備有審美性質。描繪的是現代舞的表演，雖然它與古典芭蕾已有極大差異，例如裸身赤腳，同時應用不同的呼吸節奏與舞步，雖然取其圈舞形式，在內涵上與原始舞蹈仍有差別。

織女

文字織紋與泰雅族織藝的變遷

合歡山、奇萊山環抱，濁水溪潺潺流水流經，南投縣仁愛鄉靜觀地區宛若其名，位處清靜幽美的環境，自然景觀及人文皆獨具風貌，卻因偏遠僻靜，部落裡除了偶爾出現少數種水果、青菜的平地果農外，平時少有人進出，但是有一種聲音似乎從過去到現在沒有停止過，那就是清晨織機的聲響。

泰雅族織布技藝發展歷經部落、日治時期，一直到近代仍維持有傳統織布的風氣，改變較多的如開司米龍現代材料取代苧麻線，此外就是外來文化影響到創作題材表現了。這種變遷過程在耆宿織女Iwan biyian

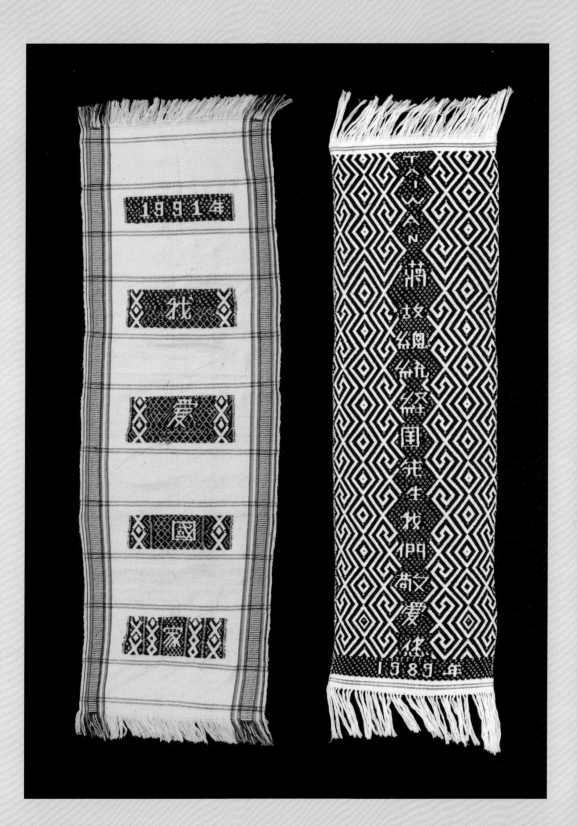

（洪春菊,1925-1999）的織布作品上留下了明顯而真實紀錄。

　　Iwan biyian日治時期出生於靜觀部落，小時候跟著外婆學織布，由於擁有一雙巧手和聰穎的頭腦，無論是多麼複雜的傳統圖紋，她憑著經驗與想像可以在短時間內摸索出來，同時創作出屬於自己的織紋樣貌。

　　已遷居埔里的高玉英是Iwan biyian的大女兒，她説母親總共生下了六女二男，子女幾乎是靠著織布換來的金錢養大成人的，從她稍懂事起，就看見母親一有空就坐在織布機上不停工作，好像從不嫌累似的。

　　高玉英表示，「母親在靜觀部落時，織布用的原料都是自己種的苧蔴，從採收刮取纖維、染色到織成布料成品，皆親手製作不假他人，直到近代材料進入部落後才改變。」

　　晚年的Iwan biyian在子女皆婚嫁後，搬下山與高玉英一起住，享受含飴弄孫之餘，她仍維持著孜孜不倦的織布工作。高玉英説母親睡眠時間很短，大都等孫子睡了才開始織布，通常都已經接近凌晨時分，大清早約四、五點鐘又起床織布，因為這段時間最安靜可以思考。

　　從留下來的織品來看，Iwan biyian除了將織布當成生活重心，也經常用織布紀錄部落的事務，像織品上出現「我愛國家、中華民國萬歲、經國先生我們敬愛您」的中文織紋和包括英文字「Taiwan」、阿拉伯數字等，有別於平時對泰雅族織品圖紋的認識。這些文字織品，反映出部落在融合外來文化後的具體表徵，無形中也為族群文化變遷留下了可貴的紀錄。

　　高玉英説母親不識字，英文字是神父寫給她的，中文字則是參考雜誌或從孫子的書本揣摩而來，可以想見當時她仔細研究，如何克服當中的重重困難與失敗，才能夠一線線織出來。

　　Iwan biyian也喜歡創新織紋或向高難度的織紋挑戰，例如以挑織技法織出這些接近具象的人像織紋，在泰雅族過去並未見過，看得出她曾認真地研究，並創造出個人新的表現織法，尤其是宛如跳舞般動態感十足的人像紋最為獨特。

　　目前於世界展望會霧社辦事處服務的高玉美則是Iwan biyian三女兒，她説：母親把織出來的成品，交給美籍明惠鐸神父轉賣給外國人，換取生活費，也讓家中子女有機會受到良好的教育。另外只要親友們喜歡母

親的織品，她也十分慷慨地送給他們，至於每位出嫁的女兒，母親都會
特地準備了織上美麗紋樣的織品做為嫁妝，現在僅存的織品都是這麼留
下來的。

▍烏來泰雅族的現代織藝

　　台北縣烏來地區泰雅族織藝近十年來發展迅速，由傳統染織復振到
現代織藝創作，織女們的作品在國內各項染織展示中逐漸嶄露頭角，加
上新開館的泰雅民族博物館結合觀光行銷，產銷逐漸步上軌道，對於未
來遠景充滿信心。

　　烏來地區的傳統織布文化在日治時期逐漸沒落，直到近代全鄉只剩
下一位七十多歲的耆老——莊白蘭延續了該項技藝，就在微弱薪火即將

消失的時刻，烏來鄉公所適時從1996年起開辦家政推廣研習——傳統織布課程，鼓勵婦女們嘗試這項泰雅族的傳統手藝。首期鄉內就有二十位參加，特別聘請老織女莊白蘭傳授基礎織布技藝，雖然負責業務的董黛茜熱心投入四處奔走，但是傳統織布耗時費力，半年期研習下來僅五名學員結業。

董黛茜表示，織布是泰雅族人引以為傲的表現，鄉公所並不氣餒，持續推動研習，還開設竹籐編課程，培育鄉內傳統技藝人材，活絡回流學習的管道，同時獲得縣府、原民會等單位的經費支援，設置部落教室添加新織機等設備，除了傳統染織內容外，進階課程更引進現代織藝創作，織女們也成立聯誼會彼此激勵，編織氛圍感染全鄉。

2002年進一步成立「台北縣烏來鄉原住民編織協會」，在鄉所協助下，五十多位成員經常舉辦展覽或參與國內大小編織作品展出，例如國際原住民年編織展示、總統府地方文化展等，成員們的創作也開始進入公私立博物館，如順益原住民博館編織特展等。

2005年底，烏來泰雅民族博物館開館，編織展示成為主軸，除了相

烏來織藝工坊
與織作情景

關染織材料、技法及成品外,於假日也安排織女現場動態演示,編織協會成員作品置於館內銷售,博物館更以成員做為種籽教師,設計DIY織布教學等活動進行推廣,搭配烏來地區興盛的觀光業發展織藝。

　　協會理事長高秋梅表示,未來目標希望鄉內對於織布有興趣的婦女都能學會織藝。高秋梅的理想正逐步實現,目前有十餘位織女分別在烏來地區成立織藝工作坊。以族名「筆藺」為工作室名稱的高秋梅,在學習傳統織布技藝後致力發展現代創新圖紋,她指著一件織著人像、動物等圖紋的織品,表示這些都是新創的圖紋,將泰雅族人的狩獵、搗米及

舞蹈等生活情景融入織布作品。

於烏來瀑布風景區內開設禮品店的「尤蓋」，染織工作坊就在店裡
地下室，尤蓋把看顧生意的閒餘時間全力投入染織創作，她的織工幾何
紋樣細膩，藍染作品也多，許多作品可以直接陳列展售，客人也可以向
她訂購，是烏來地區織女們產銷一貫的例子。彭玉鳳則勇於嘗試，她將
各地區泰雅傳統的織布技法加以分析，以現代織法重製，像泰雅傳統使
用的數字織紋，她也加以開發，過去稀有的貝珠衣，在貝珠取得不易下
改採獸骨材料，仍以「骨珠衣」重現貝珠衣的光彩，彭玉鳳在住家內設
有專門的織布空間，創作出現代織藝品，成績不凡。

烏來的現代織女們得天獨厚地擁有美麗的環境與染織傳統技藝，在

▌烏來織藝工坊
與織女

怡人的環境中涵養孕育，
雖然一度面臨消失，靠著
相互扶持鼓舞，已經開闢
出一條出路，以目前登記
的十二家工坊為例，雖然
多半以家庭式為主，但是
織女們有極大的向心力，
平日以開設複合餐廳營生
的織女林美鳳就慷慨提供
場地，做為成員聚會、
展示成果或作品行銷等窗
口，產銷逐漸步上軌道；
加上烏來地區終年不斷的
活絡觀光條件，潛力無
窮。高秋梅就頗有自信地
提到，「期望未來慕名到
烏來的遊客，不僅是為了
溫泉，同時也會因為烏來
傑出的織藝。」

▍渥特豪斯的〈夏洛特之女〉

位於英國卡美洛皇室
附近,稱為「夏洛特」的
地方,有一位美麗的女子
長年居住在高塔內,身邊
除了織布機外,沒有玩伴
與朋友,幾乎過著與世隔
離的生活。

女孩因為受到女巫的
詛咒,不能與外界接觸,
否則就會意外身亡,可憐
的〈夏洛特之女〉成天以
織布度過漫長歲月,因為
不能直視外界,僅能透過
一面大鏡子來窺視,有一
天她發現一位英俊騎士的
身影,不自覺地渴望尋找
他的形踪,當她目視到騎
士時,鏡子應聲破裂,同
時詛咒的效應發生,少女
因而離開人世。

夏洛特之女最後被放
置在一艘小船上,順著水
流飄去,告別短暫蒼白的
人生。這個美麗且浪漫的
悲劇故事,多年來深深擄

▍渥特豪斯〈夏洛特之女〉 1894　142×86cm

獲世人及藝術家的心,尤其在文學藝術作品上更是發揮得淋漓盡致。渥
特豪斯就是一個例子,這位唯美主義的大師留下了相當精彩的〈夏洛特
之女〉、〈我有點厭倦陰影了〉等作品。

於義大利羅馬出生的渥特豪斯（Waterhouse,1849-1917），從小受到繪畫家庭影響，父母親皆為畫家，渥特豪斯也在文化氣息濃厚的羅馬浸淫涵養文學、繪畫，天賦極高，喜愛由詩人丁尼生、荷馬的作品中尋求靈感，內化為創作題材，〈夏洛特之女〉就是從丁尼生的詩作中產生的。

〈夏洛特之女〉描寫著急欲起身的織女，彷彿想掙脫與世隔絕的環境，衝向年輕騎士的懷抱，但是身上纏繞的絲線，又如同揮之不去的魔咒，背後還可清楚地看見裂開的鏡子和騎士的身影，將內心的矛盾與衝突藉著織藝充分發揮。

〈織女〉一作完全表現了織女對終日與織機為伍生活厭倦的寫照，她暫時放下了織機上已經織好的成品，那是一塊充滿色彩、擁有漂亮圓形圖案的織品，從織作上可以了解織女的手藝精湛，恐怕是平日下了相當心血所換來的結果。畫面上她雙手護著頭部，伸伸懶腰，此刻對陪伴她且熟悉的紡線感到一絲厭倦，背後鏡面呈現出卡美洛風景，或許她心裡想的是人世間無法掌握的愛戀情仇吧？

▌對話——織藝與生命的光輝

布，像是人體的另一層皮膚，各民族從嬰兒呱呱墜地的接生布，到步入死亡後的裹身布，布都參與其中。事實上布的產生，由種植材料、編織成形到使用腐朽，與人的生命過程可相比擬，就像是人一生的縮影。而收藏物質文化的博物館對布的保存與研究，主要透過布的線索，可以追溯人的生活與社會狀況，似乎也為兩者間的連結做了有力的註腳。

渥特豪斯的〈夏洛特之女〉中描述的情形，反映古典時期的社會環境，織布一向陪伴女子成長，也是最貼身的手藝，婦女與織藝的關係，從日常生活的實用性到賦予織品多樣性的象徵意涵，如同一部婦女的生命史。

在部落內織藝自古以來即傳承它的重要意義，烏來泰雅婦女Migo（高蓮君）曾說：「織布是我不可分割的生命」，Asun（高玉霞）則說，「我們家的織布，尺量不出長度，因為它會一代一代地長大」，簡單的句子道盡了族人心目中對布的熱愛與投入，也見證了過去到現代原住民婦女用生命寫下的心血結晶。

朽木可雕

都蘭加水節

2001年東海岸阿美族都蘭部落，首度在農曆7月舉辦「加水節」活動，突破台灣漢文化中一向被視為諸事不宜的鬼月禁忌。

2005年8月中旬，阿美族都蘭部落再度舉行「加水節」，族人們穿著傳統服飾，用嘹亮的歌聲唱著歌謠，在花東海岸公路隨意迎接過往的車輛，攔下旅人後，詢問願不願意加入「加水節活動」，帶領的族人以「機智問答」方式進行測驗，例如「都蘭山是台東那個族群傳說中的聖山」等，有時候新聞時事也會拿來問答，如果答對，阿美族人當場就送編織的小手工藝品，反之小朋友則以事先準備好的竹水槍、水球向車輛潑砸，族人甚至還以水桶、水槍齊發。

僅管旅人車輛被水淋濕，不過大部分旅人都很開心，偶而還有人乾脆下車和族人一起潑水，玩個盡興，阿美族人說，被水潑到還可以祈福去霉運。

其實加水節是海岸阿美族以漁獵為主的親水文化延伸，傳統上海岸阿美靠海維生，划竹筏捕魚、海邊撿拾海菜、螺貝自古以來是海岸阿美族人傳統生活方式，在夏季台灣多颱風，往往颱風過後海邊留下大量的漂流木，這時老老少少會到海邊撿漂流木，成為生活中的一部分。

阿美長老黃貴潮表示，kasui指的是較小的木材，thagon則是一般木頭，也有人將漂流木稱為kasui，以前部落裡煮飯燒水都用木材，山上撿回來的木頭濕度高，燃燒起來煙霧很多，通常燻得主婦淚流滿面，「男朋友不要我，還沒有流這麼多淚」、「眼淚是不能隨便流的，除非老公死掉」是當年阿美族婦女煮飯時的心聲。黃貴潮說，漂流木經過沖刷爆曬，燒起來煙少，米飯好吃，因此族人喜歡撿回家備用。

都蘭地區阿美族人則以漂流木撿拾多寡視為家族的強弱象徵，撿回來的漂流木愈多，表示人丁旺盛，財富自然較多，社會地位也愈高，

「加水節」的舉行也就是引用「kasui」的諧音而創立。

　　至於漂流木多半做為材薪，煮飯燒水使用居多，近年來原住民藝術工作者則大量當做創作素材，不論傳統木雕工藝或者裝置藝術作品，應用起來得心應手。

▌都蘭的「漂流木藝術村」

　　都蘭村原新東糖廠的舊廠區廠房，從2002年以後逐漸凝聚以木雕為主的原住民藝術作品，其中漂流木成為在地藝術工作者創作就地取材的主要素材，創作出各種不同的藝術類型。

　　廠房空地上留下阿美族年輕藝術工作者「達鳳」的漂流木裝置藝術〈魚躍涼亭〉，架高的漂流木，傲然昂首面對都蘭山，達鳳説他感動於都蘭阿美族人對傳統文化的用心，就像一隻剩下魚骨的支架，對抗來自現實強勢文化的壓力。

　　另一位阿美族的藝術工作者范志明曾經也以漂流木為素材，在當地創作了著名的〈風鈴隧道〉，在兩側豎立起像是隧道的木頭上垂掛著無數的玻璃瓶，內部則綁上鐵片鐵絲，迎風吹起會發出清脆的叮噹聲響，

漂流木創作〈風鈴隧道〉

▌以漂流木創作的搭蘆岸工寮（上圖）　▌漂流木創作〈魚躍涼亭〉（下圖）

他說阿美族的歌謠裡，常藉著風來表示對情人的思念，他的作品就藉風
鈴來詮釋風的感覺。

　　魯凱族女性藝術工作者安聖惠的作品〈穿越〉，以樹枝、漂流木等
糾結纏繞著，沿廠房壁面往上竄升，似乎有無限旺盛的生命力不斷滋
生，聖惠提到在都蘭利用漂流木進行創作，就像回到跟自己對話，找到
生命的出口一樣。

舊廠房入口處立了一塊木匾「Eki師傅木雕紀念館」，由已逝的阿美族的藝術工作者Eki，展出畢生的木雕作品。生前很早即應用漂流木進行木雕創作的Eki，平日喜歡到海邊潛水射魚、釣魚，空閒時經常在海邊度過，返家時吉普車上滿載著從海邊撿回的漂流木，成了他創作的重要材料。

漂流木甚至成為抗爭訴求的媒材，2003年藝術家們以「天佑都蘭鼻」為主題，在海灣邊上豎起大型漂流木創作，反對在當地開發興建觀光旅館，破壞環境生態，並結合都蘭部落阿美族人宣誓捍衛固有領土的決心。

廠區內外處處可見漂流木的裝飾，由原機械房改裝，供假日都蘭當地舞團表演的舞台，或者讓參觀團體動手做藝術活動的場地，背景設計也都採用漂流木構成，呈現都蘭村壯觀的山、海與艷陽；社區裡也很多住家以漂流木做為庭院佈置，整個村莊儼然是一座現代「漂流木藝術村」的樣貌。

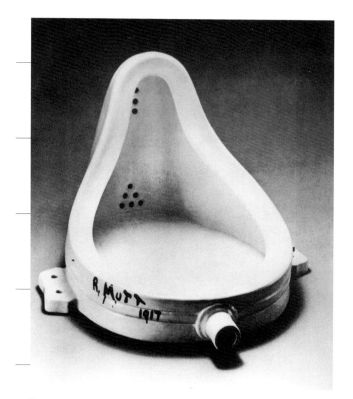

▊ 杜象1917年創作的「現成物」作品〈小便斗〉

▊ 杜象的「小便斗」

當你在展場看見放置在展示櫃上的是一個小便斗，面對這樣的展品，不曉得是什麼樣的心情？尤其是物件本身僅是簽上作者的名字，卻標榜著「藝術品」，如此的情形能夠接受嗎？

杜象（Duchamp,1887-1968）就是以此創作，衝撞著現代藝術的思維，他不僅在小便斗上的簽名、複製的蒙娜麗莎像再加上鬍子，也都成

為藝術品；置於板凳上的腳踏車輪，它的功能完全改觀⋯⋯在在挑戰著我們的藝術觀念與認知。

究竟是什麼樣的想法，讓杜象製作出許多讓人感到訝異的作品？從中引發的藝術定義又是如何？是否隨便撿一件東西，如小便斗，只要在上頭簽名就可成為藝術品？那麼依循這種推論，蒙娜麗莎像加上鬍子就成為「我」創作的另一件藝術品，有何不可？

一連串的疑問，事實上也是杜象要大家重新思考傳統藝術品的定義與我們所給予的「尊嚴」，它與日常用品的功用差別在那裡？這是藝術創作必需要面對的新思考。

用這種「諷刺性」的選擇行為來剖析創作，看起來的確有些驚世駭俗，但是平心靜氣地討論，內心是理智的，它在強調一個創作觀念，而不是技術的呈現。在美術史上，特別將杜象的理論冠以「達達主義」的名義，以反對舊傳統和任何法則為基礎，像一個虛無主義的運動。

也因為他啟發後人藝術創作無限的可能，有人稱杜象為當代藝術之父。

■ 對話──物的變遷與特色

一個是只有在颱風過後，在海岸邊漂蕩的不起眼漂流木，一個則是廁所裡常見的便斗，怎麼搖身一變就都成為有血有肉的作品，藝術創作真能夠化朽木為神奇？

漂流木在阿美族人的生活中可以長期連結，在環境變遷下，化為阿美族的「加水節」活動，甚至於創造頗有特色的漂流木裝置藝術，看起來似乎是很特異的文化表現，就好比杜象將小便斗直接放置在展場上，充當藝術品一樣，某種程度上是荒謬的，違反直覺認知的。

在現代社會，藉著朽木與便斗傳達出重要的文化象徵和時代的意義，十足理性地應用生態環境，創出了屬於自己的特殊文化，也好似與「文化唯物論」觀點相近。

歌聲繞山谷

合音與大提琴聲

「巴西布得布得」（basibutbut）——俗稱「八部合音」，是布農族傲人的音樂表現，意為「祈禱小米豐收歌」的合音演唱，從其功能而言，可以想像它的起源應該與宗教或信仰有關，因為團體在演唱時，聲音要求和諧，破壞的族人恐怕得擔起明年小米欠收的重任，所以全體皆以虔誠的心演唱。

布農族人認為「巴西布得布得」合音是模仿瀑布或蜂群的天籟之音而來，但是也有布農族人的幽默說法，是族人在喝酒時唱歌，每個人要以高音壓過其他人，音域才會一部部上疊，至於演唱時手搭肩是因為以往在山上唱歌，如果太投入怕摔下懸崖，才圍成圓圈彼此可以照應。

2000年9月，美國大提琴家大衛‧達伶（David Darling）來台演出，偶然地進入南橫山區的霧鹿部落，當現場聽到了布農族人演唱的「巴西布得布得」合音。他深深被這種渾然天成的歌聲所撼動，認為其完整的結構有如巴哈的音樂一般莊嚴而華麗。

返回美國後，大衛一直無法忘記那一場「布農族之夜」，開始以合音旋律為創作元素，深入布農音樂主體，加上自己熟悉的大提琴伴奏，重新進行編曲，企圖把兩種音樂融合在一起。

2002年4月下旬，大衛回到南橫山區的霧鹿村，進行十天的錄音工作。4月30日夜晚在當地進行首演，首先由霧鹿國小的小朋友演唱精彩的傳統布農族歌謠組曲，尤以報戰功的設計，讓民眾也能參與互動，使音樂會的熱烈氣氛帶向高潮。接著以大提琴結合小朋友的合音演唱，讓動人的旋律迴盪在南橫的山谷，久久不去。

當穿著傳統布農族服飾的小朋友們以布農族語唱出大衛的創作曲，完成大師希望其創作曲能以另一種語言來詮譯的心願時，大衛感動得擁抱這群可愛的小朋友。這一次台灣原住民布農族傳統合音與國際知名音

■ 布農族「巴西布得布得」合唱

樂家的合作成果出版後，受到了一些歐洲國家的興趣，地方也希望藉著
「新合音」的型態，繼日治時期黑澤隆朝將之帶往聯合國科教文組織發
表後，再度帶到世界各地。

■ Eki（林益千）的〈布農族合唱〉

阿美族木雕家Eki作品多半以雕刻原住民族文化為題材，著名的布
農族「巴西布得布得」合音，也曾經是他的木雕作品，且雕刻得相當傳
神。

〈布農族合唱〉是一件彩色木雕，八位身穿布農族傳統背心與黑裙

▋林益千〈布農族合唱〉的木雕（上圖）　▋布農族合音的木雕（作者不詳，下圖）

的族人雙手環繞在一起，圍成一個圓圈，仰著頭張開嘴正在努力的吟唱，當然這種「標準」姿勢，描寫的即是「巴西布得布得」合音。

這種立體群像雕刻在原住民木雕作品中比較少見，尤其是每一位族人歌唱的表情均不一樣，將合音演唱的感覺，表現得靈活靈現，讓人好像聆聽一首美妙的音樂。

▌竇加的〈女歌者〉

歌唱是表演藝術、繪畫則是視覺創作，動態與靜態各自擅長，但是將兩種藝術活動結合在一起，尤其放在平面的油畫作品，困難度很高，人物的表情與動態很難表現得適度。

▌林德旺的木雕〈八部合音〉

印象派畫家竇加（Edgar Degas,1834-1917）的作品〈女歌者〉是一幅精彩的佳作，他畫了一位穿著古典服飾的歌唱家，正在展露歌喉高歌一曲，她自然而然地高舉右手，搭配仰起頭、張口的動作，像是唱高音的展現，這樣的題材與人物五官造形，通常表現得不好，畫面上就顯得不夠美觀，但是這幅畫處理得宜，自然流露出一種演唱者自信與優雅的美感。

竇加擅長繪畫舞台及生活中的小人物題材，對小人物生活觀察入微，他可以精準地畫下工作中的情形，據説竇加為了觀察描繪對象，可以連續觀察幾個小時，再準確地掌握各種角色的精華瞬間，以藝術加以表現，有畫龍點睛的效果。

▌寶加於1878年的粉彩畫〈女歌者〉53×41cm

寶加畫的女性，是生活中走出來的人，沒有太多修飾與美化，反而讓人感到親切，像〈浴女〉就是一幅傑作，畫面上的婦女蹲著身體，左手撐著身體重心，右手握著毛巾的手臂往後舉去擦背，這個姿勢如果不是模特兒十分熟練，或者畫家觀察入微，一般是無法那麼精準地掌握住那優美的姿態的。

寶加曾說：真正的畫家懂得從當代生活中找到詩意。從作品中我們看到他掌握全局，從小舉動看世界，也讀到了他的成果。

▌對話──音樂與人性

布農族的「巴西布得布得」合音，早期是在祭儀上演唱祈禱小米豐收的歌曲，透過儀式上的歌舞、服飾，共同構成一種莊嚴的情境，引導人們的心靈祈求及情緒得到昇華，這是原始音樂的特性。

當「巴西布得布得」離開了儀式，以合音和演奏結合下，世界上可以發現多了另一種音樂表演形式。寶加描寫的舞台上的歌者或生活中小人物的點點滴滴，其實在某些層面上看來，音樂是無國界的，小人物身上的其實也很具備共通的語言，可以讓我們看見樸實率真的人性。

參考書目

王申培 1999 ＜大衛的名畫「拿破崙加冕」＞《哈佛冥想曲》 健行文化出版公司

何恭上 1995 《希臘羅馬神話》藝術圖書公司

李美蓉 1994 《揮不走的美一文藝復興到象徵主義名畫欣賞》 雄獅圖書公司

1997 《藝術欣賞與生活》 上硯出版社有限公司

金榮華 1989 《台東卑南族口傳文學選》 文化大學

吳介祥 2002 《恣彩歐洲繪畫》 三民書局

林惠祥 1934 《文化人類學》 台北商務印書館

林懷民 1981 《說舞》 源流出版社

林建成 2002 《台灣原住民藝術田野筆記》 藝術家出版社

2003 《台灣美術大系一原始、樸素專輯》 藝術家出版社

陳奇祿 1961 《台灣排灣群諸族木雕標本圖錄》 南天書局

1992 《台灣土著文化研究》 聯經出版公司

陳國鈞 1977 《文化人類學》 三民書局

陳彬彬 2004 《藝術裡的秘密》 好讀出版公司

袁藝軒 2002 《開窺石鏡清我心一歐洲雕塑的故事》 三民書局

黃應貴 主編 1986 《台灣土著社會文化研究論文集》 聯經出版公司

1992 《見證與詮釋一當代人類學家》 正中書局

劉其偉 1991 《文化人類學》 藝術家出版社

熊秉明 1983 《關於羅丹一日記擇抄》 雄獅圖書公司

瀾 工 2004 《唯美主義大師圖鑑》 好讀出版公司

行政院原住民族委員會 編 1999 《台灣南島民族起源神話與傳說比較研究》 原民會 台北

嘉門安雄（呂清夫 譯） 1979 《西洋美術史》 大陸書店

Conrad Phillip kottak（徐雨村 譯） 2005 《文化人類學一文化多樣性的探索 》 桂冠圖書公司

Gustav Schwab（陳德中 譯） 2004 《希臘神話故事》 好讀出版公司

Julian Robinson（薛絢 譯） 1999 《美學地圖》 台灣商務印書館

Jacques Maquet（武珊珊、王慧姬譯） 2004 《美感經驗一一位人類學者眼中的視覺藝術》
雄獅美術圖書公司

Monica Bohm-Duchen（余珊珊 譯） 2004 《曠世傑作的祕密》 時報文化出版公司

Paco Asensio（謝珺容 譯） 2005 《高第與達利》 好讀出版公司

Paco Asensio（王偉 譯） 2005 《華格納與克林姆》 好讀出版公司

Rizzoli（梁翠凌 譯） 1989 《達利一畫布上的精靈》 北辰文化公司

Robert Layton （吳信鴻 譯 ） 1991 The Anthropology of Art；Cambridge 亞太圖書出版社

R.Keesing（張恭啟、于嘉雲 譯） 1989 《文化人類學》 巨流圖書公司

University Pressmalinoski（朱岑樓 譯） 2006 《巫術、科學與宗教》 協志工業叢書出版公司

Miller,Daniel 1987 《Material Culture and Mass Consumption.》 London：Basil Blackwell.

Radcliffe-Brown 1952 《Structure and Function in Primitive Society：Essays and Address》.
London：Cohen & West；New york：Free Press,1965

Talor ,E.B 1958（orig.1871） 《Primitive Culture.》 New York：Harper Torchbooks.

Turner ,Victor 1987 《The Anthropology of Performance》,New York：PAJ Publications

後記

雅美拚板舟下水的儀式上，老人家慎重地穿著傳統服、丁字褲出席，兩手緊握拳頭在胸前抖動，口裡短促有力的呼喝，充滿著一種高亢的氣息與張力，不時鼓動著一旁觀看群眾情緒，跟著沸騰起來，彷彿進入一個特別的情境裡。藉著這種稱為manhawey（曼哈威）的肢體語言，彼此之間有一種微妙的情緒與波動，那是沒有界限的美感經驗在當中交流與傳遞著。

在其他的場合上，我也看過表演團體，將「曼哈威」編入傳統雅美舞蹈來演出，結合原始與力量的震撼感，讓人感受到雅美舞蹈內涵的特殊與深邃，「勇士舞」似乎僅僅是一個舞蹈的代名詞而已。

「那不是表演！」老輩族人認真地提醒，十分在意獨特的文化特質，被外界簡化稱為「勇士舞」或「驅魔舞」，在部落裡這種肢體活動稀鬆平常，它也不專為表演而存在，耆老們不斷地澄清，曼哈威在不同的場合有它各自表述意涵，代表著認同、支持或安慰的情感傳達。

從文化人類學的角度來看，這種複雜的情緒與經驗，透過部落內部文化發展的探索，比較容易掌握它的特性。其實民族藝術的發展核心，關鍵應該也在於此，藝術活動可以具體而微地展現民族文化的特徵，但是失去了部落的文化脈絡，我們無法親炙豐富的內涵，發揮不了重要的意義，民族藝術與文化人類學之間，似乎有著一條看不見的線連結彼此。

2002年，我在台東大學開了一門「原住民與西洋藝術的對話」課程，嘗試開了一扇門，將原住民文化與西洋藝術直接放在同一天秤上，實踐對

話的空間，一方面是針對大學通識課程而設計，以跨領域方式為思考基礎，除了挑選西洋藝術經典作品介紹外，特別將原住民題材平均分布於各民族文化藝術及創作之上，讓文化人類學與藝術之間有了交流。在我思維的背後，其實還存在著一個夢想，企圖藉著比較找出屬於原住民本身的美感經驗。

《民族的美感——台灣原住民藝術與西洋藝術的對話》這本書就是在這種背景下產生的，它的內容文字，基本上是近五、六年一邊持續紀錄原住民藝術的田野資料，一邊為課程所準備的教材，重新整理編寫而成，同時它也是繼《台灣原住民藝術田野筆記》後，進一步想完成的另一個目標。

感謝政大民族系、東華大學族群所的師長們這些年來的教誨，無論在學術知識與研究方法上，讓我獲益匪淺，也謝謝台東大學、藝術家出版社提供的機會，讓我實現自己的理想；當然，我的家人長期以來無怨無悔的支持，供我在田野、學校等場域安心受教與成長，是背後最大的助力。

二十多年來無論在原住民或史前館的工作場域，遇上了很多扶持的貴人與原住民朋友的幫忙，少了這當中的任何一個環節，恐怕這本書都難以呈現。

國家圖書館出版品預行編目資料

台灣原住民藝術與西洋藝術的對話
／林建成 著.--初版.
-- 臺北市：藝術家，2009.04
288面；17×24公分.--

ISBN 978-986-6565-34-2（平裝）

1.台灣原住民 2.藝術 3.民族文化
4.比較研究

536.33 9800523

民族的美感
台灣原住民藝術與西洋藝術的對話

林建成／著

發 行 人 何政廣
主　　編 王庭玫
編　　輯 沈奕伶·謝汝萱
版面設計 王庭玫
美　　編 張紓嘉
出 版 者 藝術家出版社
　　　　 台北市重慶南路一段147號6樓
　　　　 TEL：（02）2371-9692～3
　　　　 FAX：（02）2331-7096
郵政劃撥 01044798 藝術家雜誌社帳戶
總 經 銷 時報文化出版企業股份有限公司
　　　　 台北縣中和市連城路134巷10號
　　　　 TEL：（02）2306-6842
南區代理 台南市西門路一段223巷10弄26號
　　　　 TEL：（06）261-7268
　　　　 FAX：（06）263-7698
製版印刷 新豪華彩色製版印刷股份有限公司
初　　版 2009年4月
定　　價 新臺幣380元
I S B N 978-986-6565-34-2（平裝）

法律顧問 蕭雄淋

行政院文化建設委員會 指導贊助